L'EXTRÊME-ORIENT

ÉTUDES D'HIER — ÉVÉNEMENTS D'AUJOURD'HUI

PAR

Alexandre HALOT,

Consul impérial du Japon,
Membre correspondant de la Société d'histoire diplomatique de Paris.

AVEC UNE PRÉFACE DE

M. Michel REVON,

Ancien professeur à l'Université de Tokio,
Chargé du cours d'histoire des civilisations d'Extrême-Orient
à la Sorbonne.

LES CAUSES MORALES DE LA GUERRE SINO-JAPONAISE
DE 1894-1895
L'EXPÉDITION INTERNATIONALE DE 1900
LES ORIGINES DU CONFLIT RUSSO-JAPONAIS DE 1904
PÉRIL JAUNE

BRUXELLES	PARIS
LIBRAIRIE FALK FILS	FÉLIX ALCAN, ÉDITEUR
15-17, RUE DU PARCHEMIN	108, BOULEVARD ST-GERMAIN

1905

L'EXTRÊME-ORIENT

P. WEISSENBRUCH, IMPRIMEUR DU ROI, ÉDITEUR

49, RUE DU POINÇON, BRUXELLES.

L'EXTRÊME-ORIENT

ÉTUDES D'HIER — ÉVÉNEMENTS D'AUJOURD'HUI

PAR

Alexandre HALOT,

Consul impérial du Japon,

Membre correspondant de la Société d'histoire diplomatique de Paris.

AVEC UNE PRÉFACE DE

M. Michel REVON,

Ancien professeur à l'Université de Tokio,

Chargé du cours d'histoire des civilisations d'Extrême-Orient
à la Sorbonne.

LES CAUSES MORALES DE LA GUERRE SINO-JAPONAISE
DE 1894-1895

L'EXPÉDITION INTERNATIONALE DE 1900

LES ORIGINES DU CONFLIT RUSSO-JAPONAIS DE 1904

PÉRIL JAUNE

BRUXELLES	PARIS
LIBRAIRIE FALK FILS	FÉLIX ALCAN, ÉDITEUR
15-17, RUE DU PARCHEMIN	108, BOULEVARD ST-GERMAIN

1905

PRÉFACE

Il y a une dizaine d'années, à Tokio, je reçus
la visite d'un jeune voyageur qui venait étudier
le Japon dans des dispositions d'esprit bien par-
ticulières. Il n'avait aucune idée préconçue; il
ne manifestait aucun mépris supérieur à l'égard
de la race jaune; il ne répétait pas les mille
sottises banales qu'on entend sans cesse dans les
ports d'Extrême-Orient; et bien qu'on fût alors
à l'époque émouvante de la guerre sino-japonaise, il ne remerciait pas les Japonais de leur
hospitalité en leur prédisant, pour l'avenir, de

terribles catastrophes. Bref, il regardait, écoutait, observait tout avec indépendance, et paraissait avoir l'étonnante prétention de ne parler qu'après avoir réfléchi. Cette attitude extraordinaire me charma, et, pendant les longues conversations que nous eûmes ensemble, j'eus le plaisir de voir grandir peu à peu chez mon aimable interlocuteur cette sympathie sincère qui naît toujours d'une compréhension réelle des choses, cet intérêt qu'aucun esprit impartial ne peut manquer de porter au développement historique d'un noble peuple, d'une nation courageuse qui se débat contre des difficultés immenses, qui les surmonte à force d'intelligence et d'énergie, et qui se fait enfin sa place dans le monde par la solidité de son organisation, la ténacité de sa politique et la force intime de ses progrès.

Voilà ce que je vis dans l'esprit ouvert de M. Alexandre Halot, tandis qu'il étudiait ainsi, sur place et de bonne foi, ce nouveau Japon qui n'est que l'épanouissement normal d'un passé de plus de vingt siècles, l'adaptation finale d'une vieille civilisation, raffinée bien avant la nôtre, aux conditions nécessaires du monde actuel; et c'est pourquoi, de même que je fus enchanté, mais non étonné, d'apprendre, il y a quelques années, l'heureuse pensée qu'avait eue le gouvernement japonais de choisir M. Halot pour représenter ses intérêts à Bruxelles, je n'ai pas été surpris davantage de recevoir, ces jours-ci, le présent ouvrage, où le lecteur trouvera réalisées les promesses que faisait entrevoir, dès son premier voyage, le futur consul et le futur écrivain.

Les diverses études de M. Halot se recommandent assez par elles-mêmes pour qu'il soit inutile d'y insister longuement. Tout ce que je voulais signaler, en rappelant ces souvenirs déjà lointains, c'est la formation d'un état d'esprit trop rare à cette heure, la genèse de ces dispositions impartiales qui font dire, par exemple, à notre auteur, au début d'un essai sur les origines de la guerre présente, qu'il est « hostile aux appréciations de parti-pris qui

semblent inspirer, en sens contradictoires, certains journaux », et que son unique dessein est
de mettre en relief, « à la lumière de l'histoire,
les intérêts opposés qui sont en jeu ». Rien de
plus intéressant que l'histoire diplomatique
ainsi comprise, surtout lorsqu'on l'écrit, comme
fait M. Halot, avec franchise et courage, quelques années avant que les « études d'hier »
soient devenues les « événements d'aujour-
d'hui » et que tout le monde se trouve d'accord
devant l'évidence des choses. Rien de plus utile
aussi, car à l'ouverture d'un siècle qui verra le
renouvellement des antiques rapports entre
l'Asie et l'Europe, il faut que le monde occidental soulève le lourd bandeau qu'ont fait
peser sur ses yeux, pendant des siècles d'isolement, le vieux préjugé romain et l'orgueil de
race; il faut qu'il regarde en face ce monde de
l'Extrême-Orient qui a tenu une si grande place
dans l'histoire et qui est en train de la reprendre; il faut que les leçons de la guerre
sino-japonaise d'abord, de la guerre russo-japo-

naise ensuite, soient méditées par les historiens et les politiques ; il faut, enfin, que nous comprenions une bonne fois la folie des conquêtes, génératrices des défaites, l'absurdité de la guerre et, pour notre honneur comme pour nos finances, la nécessité de la paix.

Il peut sembler étrange de parler de paix à un moment où la guerre fait rage, et où toutes les inventions de notre militarisme, enfin déchaînées, fauchent des dizaines de milliers d'hommes innocents, les couchent dans une agonie commune, énorme, et comblent de leurs corps pantelants tous les fossés de la Mandchourie. Mais si, comme il est probable, aucun des deux adversaires n'obtient le triomphe décisif qui appellerait la revanche et qui créerait là-bas la guerre éternelle, qui nous dit qu'à la fin, épuisés tous deux et déplorant tant de morts, ils n'écouteront pas les voix amies qui leur conseilleront une paix durable? Qui sait si le parti de l'alliance russe qui existait à Tokio avant la guerre ne représentera pas la politique de

demain? Qui sait si, à la guerre russo-japonaise, on ne verra pas succéder un mariage
russo-japonais, une bonne et solide entente des
deux peuples? L'initiateur de la conférence de
la Haye n'écoutera peut-être pas toujours ses
conseillers d'Extrême-Orient, et les hommes
d'État du Japon n'ont jamais été des politiques
à courte vue... Mais il faudrait d'abord que tout
le monde, neutres et belligérants, comprît les
deux faces de la question; et c'est à quoi
l'ouvrage de M. Halot pourra aider l'opinion
publique.

Michel Revon.

LES CAUSES MORALES

DE LA GUERRE SINO-JAPONAISE

DE 1894-1895

Il y a à peine quelques années, l'on ne
s'inquiétait guère en Europe des pays d'Extrême-Orient (¹). Les profondes différences
qui séparent leurs civilisations d'avec la
nôtre les soustrayaient presque entièrement à notre attention. Notre ignorance à
leur sujet, égale à celle que les Chinois
professent à l'égard de la civilisation européenne, était favorisée, du reste, par
notre conception restreinte de la politique
internationale. L'Europe nous apparaissait
comme le centre du monde, en dehors

(¹) Communication faite au Congrès d'histoire diplomatique, tenu à la Haye en septembre 1898.

duquel il ne pouvait guère y avoir que des peuples sauvages et quelques îles favorisées du bonheur d'être nos colonies. Nous ne faisions, semble-t-il, que nous inspirer en cela d'une idée romaine en vertu de laquelle la grande République formait un tout complet, dont l'Europe, prise globalement, paraissait être la continuation. Aussi le Bosphore était-il, pour ainsi dire, l'extrême limite de l'activité européenne, et ne se hasardait-on en Asie que si l'on y était forcé par sa carrière ou ses intérêts.

C'était le privilège presque exclusif des marins d'avoir visité le Japon et la Chine, ou, plus exactement encore, les ports de ces pays. L'un d'eux, qui se trouva être en même temps un écrivain du plus grand talent, découvrit pour nous le Japon, en nous contant avec un charme infini quelques-unes des impressions d'artiste qu'il y avait recueillies. Nous fûmes alors tout naturellement amenés à nous imaginer une contrée peuplée uniquement de délicieuses « musmés », s'appelant toutes « Mme Chrysanthème » et descendues de leurs paravents pour avoir le plaisir de nous offrir d'innombrables tasses de thé. La fabrication d'objets de laque et de cloisonnés nous apparaissait comme la seule activité possible pour des Japonais (¹).

Aussi, sauf pour quelques diplomates qui

(¹) Est-il besoin de dire, en passant, que ces délicieux livres de Loti sont des peintures d'un coin de vie qui ne peuvent donner une idée réelle du peuple japonais? Ils représentent le charmant séjour que peut faire dans un port du Japon un marin qui, chaque jour, jouit de quelques heures de congé qu'il songe à passer agréablement. Avec la différence du site et du type des habitantes, peut-être particulièrement séduisantes au Japon, ce marin aura, dans tous les ports du monde, à peu près les mêmes aventures; il ne sera malheureusement pas toujours un Loti pour y faire participer ses lecteurs.

Si l'on veut connaître réellement le peuple japonais, on doit, comme pour tout autre peuple, fréquenter des indigènes de différentes couches sociales : on doit donc avoir le temps et l'occasion d'être accueilli dans les familles japonaises, qui, pas plus qu'en d'autres pays, ne sont prêtes à recevoir chez elles des étrangers qui leur seraient totalement inconnus. C'est dire que le simple touriste qui connaîtrait seulement le monde décrit avec tant d'art par Loti, ne pourrait se faire une idée exacte du vrai peuple japonais, pas plus d'ailleurs que quelques journées joyeuses passées dans certains quartiers de Bordeaux ou de Marseille ne pourraient lui faire apprécier la société française.

avaient séjourné en Extrême-Orient, la surprise fut-elle grande chez nous quand éclata, en 1894, la nouvelle d'une guerre importante commencée à l'autre bout du monde.

Les motifs de cet événement considérable nous échappaient; nous ne le rattachions à aucun fait antérieur. Les deux peuples belligérants nous apparaissaient dans un lointain vague d'êtres bizarres et énigmatiques.

Pour supputer les chances de succès de l'un ou de l'autre, nous n'avions guère comme base de comparaison que l'étendue des deux pays. Aussi les journaux anglais, qui cependant sont généralement les mieux informés de ce qui se passe au loin, étaient les interprètes du sentiment général en prévoyant le prompt écrasement du pauvre petit Japon par le colosse chinois.

Les attaques publiées alors contre le Japon et les actes de mauvais gré accomplis par l'amiral Freemantle décelaient nettement le désir de se ranger du côté de celui des belligérants qu'on croyait le plus fort. L'issue de la lutte fut une surprise pour toute l'Europe.

Le résultat de la guerre, parfaitement prévu par ceux qui se trouvaient sur les lieux, nous a ouvert un champ d'études historiques auxquelles nous pouvons utilement appliquer la même méthode d'investigation et d'analyse que nous emploierions pour l'histoire d'Europe.

Les peuples chinois et japonais, malgré la différence profonde qui existe entre leurs mœurs et les nôtres, ne peuvent échapper plus que nous aux influences subies par toute agglomération d'hommes et indépendantes des temps et des lieux. Aussi l'histoire de nos pays d'Occident nous fournit-elle bien des points de comparaison qui nous aident à mieux comprendre les événements d'Extrême-Orient.

L'étude des origines morales de la guerre de 1894-1895 est assurément des plus attachantes et nous donne l'explication plausible des événements si touffus dont les journaux sont remplis aujourd'hui, alors qu'il y a cinq ans il était à peine question de la Chine et du Japon. Elle ne peut, je pense, que faire mieux apprécier les monographies si intéressantes que l'on publie maintenant sur la situation actuelle ou sur l'avenir, et dont les auteurs n'ont pas toujours le loisir de rappeler le passé.

Pour avoir une idée complète des faits et des influences morales qui ont préparé la guerre, nous devrons nous rappeler les relations qui n'ont cessé d'exister à travers les siècles entre la Chine et le Japon, ainsi qu'entre ces deux pays et la Corée. Les événements nous apparaîtront alors sous leur vrai jour avec leur suite naturelle et logique. Une esquisse rapide de certains faits décisifs de l'histoire de ces trois peuples sera parfois nécessaire, ainsi que l'analyse succincte de certains traits de leurs caractères.

I

LE JAPON.

En Europe, des nations qui, uniformément, ont tiré de l'ancienne civilisation

gréco-romaine les principaux éléments de
leur vie sociale, et qui sont également im-
bues d'idées chrétiennes, ont cependant
des différences profondes d'institutions et
de mœurs. De même, malgré la ressem-
blance de certains points de leur culture
générale et la similitude de la religion boud-
dhique, peu de peuples sont aussi dissemblables d'idées et de tendances que les
Japonais et les Chinois. Leur propre tour-
nure d'esprit et les événements de leur histoire intérieure leur ont imprimé des caractères nettement distincts.

Rien ne peut mieux nous donner l'idée
de la civilisation japonaise telle qu'elle
existait jusqu'en 1868, que le souvenir de
la période médiévale en Europe. Au Japon,
la société était organisée d'une manière
toute féodale et divisée en un nombre
incalculable de classes sévèrement hiérar-
chisées.

Au sommet de l'édifice social se trouvait
l'empereur, à la fois souverain spirituel et
temporel, issu, selon la tradition, de la
divinité elle-même, et tenant d'elle son auto-

rité omnipotente. L'empereur, dont le titre de « mikado » équivalait à celui de « Sublime Porte » de l'empereur turc, était entouré, de la part de ses sujets, d'un respect craintif et dévot; il vivait séparé du reste du monde et caché aux regards profanes dans le fond d'un palais inaccessible. Descendant d'une dynastie qui régnait depuis plus de 2,000 ans ([1]), il avait été, pendant huit siècles, assisté et pour ainsi dire remplacé dans ses fonctions gouvernementales par une sorte de maire de palais tout-puissant.

L'institution du « Shogunat », dont la monarchie franque a connu l'équivalent à la fin de la période mérovingienne, n'est pas due, au Japon, comme elle le fut chez nous, à la seule incapacité de quelques souverains. Elle devient, au contraire, un rouage régulier de l'État par la formation de dynasties de shoguns coexistant avec la dynastie mikadonale.

Elle nous donne ainsi l'occasion d'apprécier le loyalisme et le profond respect de

([1]) Selon la formule officielle : « Depuis des temps dont on ne peut pas se souvenir. »

l'autorité, qui a toujours empêché les shoguns de renverser les souverains légitimes pour prendre leur place.

Le monarque, entouré d'une cour de parade, régnait sans gouverner dans une auréole de demi-dieu, tandis que le shogun possédait toute l'influence effective. L'activité de ces vice-rois s'étendait, en effet, à toutes les branches du gouvernement.

Plusieurs d'entre eux durent lutter énergiquement pour asseoir leur autorité, et ce fut leur mérite d'imposer, et cela parfois par les armes, leur volonté aux membres des familles de haute noblesse qui entouraient le trône, et aux trois cent et soixante barons féodaux chargés de l'administration des provinces et réunissant, dans le ressort de leur juridiction, tous les pouvoirs entre leurs mains.

Les privilèges de chaque groupe de nobles étaient nettement délimités par les shoguns. Comme dans l'Europe du moyen âge, tous ces petits princes inquiétaient le pays par leurs luttes continuelles, dans lesquelles ils étaient aidés par la classe des samuraïs ou chevaliers, attachés à leur personne et voués exclusivement au métier des armes. En les forçant à une stricte dépendance envers lui et les réduisant ainsi à une certaine tranquillité, le shogun sauvegardait le bien-être et la prospérité du pays ; il rendait de la sorte au Japon le même service que rendirent à la France les souverains qui imposèrent et développèrent la bienfaisante institution de la trève de Dieu.

Quant au peuple, divisé lui-même en différentes classes hiérarchiques, il vivait de son travail dans une dépendance absolue ; les marchands étaient presque au dernier degré de l'échelle sociale, « parce qu'ils ne travaillaient que pour eux-mêmes dans un esprit de lucre », tandis que l'élément militaire était entouré d'une auréole de patriotisme et de dévouement ([1]). Le

----

([1]) La conséquence de cette idée traditionnelle s'est fait sentir dans le désir qu'avaient, au début de l'ère de Meidji, tous les jeunes gens de bonne famille, de devenir militaires, marins ou diplomates. Aucun ne se serait occupé de négoce. Ce n'est que peu à peu, en s'apercevant de l'estime

mépris de la mort, si bien caractérisé par
la coutume du « hara-kiri », en fut le ré-

dont peut jouir un industriel ou un négociant d'Europe,
que les idées des jeunes Japonais se modifient peu à peu
et qu'ils commencent à entrer parfois dans les affaires. Les
familles étant très nombreuses, ils y trouvent du reste certains avantages. Les étrangers doivent hautement se féliciter de cette tendance, car leurs relations d'affaires au Japon
ne pourront que s'améliorer à tous points de vue, quand
ces idées nouvelles se seront implantées graduellement.

Au début, en effet, la population des marchands qui
s'était groupée dans les ports ouverts au commerce européen se recrutait, en vertu même des traditions nationales,
exclusivement dans les couches sociales inférieures. C'est
donc à cette partie la moins éduquée du peuple japonais
que les négociants européens ont eu surtout affaire ; eux-
mêmes, expatriés avec la seule préoccupation de faire for-
tune, ne se préoccupaient guère de relever le niveau des
marchands indigènes avec lesquels ils traitaient et n'étaient,
du reste, nullement préparés à un semblable rôle. N'oublions
pas non plus, que beaucoup de ces étrangers avaient peine
à admettre l'indépendance des Japonais, parce qu'ils arri-
vaient dans le pays avec une conviction exagérée de leur
supériorité et un besoin de domination d'autant plus
grand qu'ils appartenaient, pour la plupart, à des nations
colonisatrices habituées à être chez elles dans les contrées
d'Asie et notamment dans les ports commerçants de la
Chine. Ajoutons aussi que, étant eux-mêmes marchands
quoique étrangers, ils ne pouvaient avoir, aux yeux des
Japonais des classes supérieures, plus de prestige que les
négociants du pays même. N'étant donc guère reçus dans
la haute société japonaise, ils ne pouvaient juger du carac-

sultat. Cette société si essentiellement aristocratique et guerrière existait encore il y a trente ans.

Les circonstances la firent remplacer

tère national que par une partie de la population qui avait tous les défauts d'une longue infériorité traditionnelle. Il résulte fatalement de toutes ces considérations que, sans parler de l'ennui qu'éprouvent les négociants des ports, de perdre leur monopole antérieur et les avantages de la juridiction consulaire, leur appréciation, pleine d'indulgence envers les Chinois, ne peut qu'être aigrie et défavorable à l'égard des Japonais.

Elle ne sera juste que si elle n'est pas généralisée au peuple japonais tout entier. Sans nier les hautes qualités de travail et les aptitudes spéciales des Célestes pour les affaires, il faut cependant tenir compte des circonstances historiques que nous venons de rappeler, si l'on veut comparer équitablement le petit commerçant japonais, assez retors, au commerçant chinois ; celui-ci était, en effet, d'une classe sociale relativement beaucoup plus élevée, étant donnée la considération plus grande dont il jouissait dans son pays.

Peut-être n'est-il pas, au fond, beaucoup plus honnête, mais l'habitude du commerce lui a appris que pour retenir le client, il faut le contenter ; l'honnêteté devient pour lui un capital ; c'est ce qui fait que le négociant européen de Yokohama, peu soucieux en général d'approfondir semblables questions psychologiques, fait des Chinois un éloge pompeux, alors qu'il ne peut assez médire des Japonais chez lesquels il vit.

Ceux-ci, de leur côté, imbus de la susceptibilité orientale,

brusquement par une organisation nouvelle créée de toutes pièces, mais qui, cependant, ne pouvait détruire les qualités militaires traditionnelles du peuple japonais (¹).

sont très sensibles au manque d'égards et aux appréciations injustes dont ils peuvent être l'objet ; d'une politesse raffinée, et, malgré certains excès de zèle isolés commis en Corée, très respectueux en général des usages d'autrui, ils entendent qu'on respecte les leurs, et n'ont au fond que du mépris pour ceux qui, ne sachant pas se contenir, feraient preuve envers eux de brutalité ; celle-ci est tout à fait contraire aux traditions nationales du Japon.

En effet, la vie des Japonais, se passant presque en plein air, les a habitués à une grande réserve et à une domination d'eux-mêmes qui, au premier abord, peut paraître de la dissimulation, mais qui, en réalité, n'empêche nullement la gaîté et une très sincère expansion lorsqu'ils se trouvent avec des personnes qui leur inspirent confiance.

(¹) Bien que la constitution physique des Japonais soit assurément plus faible que celle des Chinois, ces samuraïs, grâce à leur hérédité psychique, devaient nécessairement avoir, en 1894, le dessus sur des mercenaires sans patriotisme. Il ne faut pourtant pas perdre de vue que dans leur pays si peu fonrni de bêtes de somme, les Japonais donnent souvent l'exemple d'une endurence physique extraordinaire.

Les samuraïs constituèrent un admirable noyau de formation de la nouvelle armée organisée scientifiquement à la prussienne.

Pour se rendre compte de ce que devait être cette armée, il faut songer à ce qu'auraient pu devenir des chevaliers du temps de Bayard munis de canons Krupp. Ces guerriers,

Les motifs mêmes de cette transformation sont de nature à jeter quelque lumière sur les causes de la dernière guerre. Leur examen me force à remonter en arrière pour rappeler les relations des Japonais avec les peuples européens.

Au XVIe siècle, les Portugais, qui alors marchaient à la tête de l'expansion européenne, découvrirent le Japon et y établirent des comptoirs de commerce En 1596, ils y furent suivis par les Hollandais et les Anglais. Tous ces étrangers furent alors fort bien reçus sous le gouvernement du célèbre Hideyoshi.

L'histoire raconte que les relations du Japon avec les autres pays prirent bien vite un développement considérable, tandis

armés selon les derniers perfectionnements, n'avaient donc pas cessé d'être animés de leur ancien patriotisme, qui, selon les vieilles traditions, poussa même au suicide certains d'entre eux, désespérés de ne pouvoir se mêler à la lutte.

Ils avaient toutes les qualités des vieilles aristocraties militaires, en y joignant encore l'avantage d'être relativement beaucoup plus nombreux que ne le furent les chevaliers d'aucun pays d'Europe.

qu'à l'intérieur, la diffusion du christianisme, prêché par saint François Xavier, faisait des progrès sensibles ([1]).

Tout à coup ces dispositions bienveillantes du gouvernement japonais envers les étrangers firent place à des sentiments d'extrême défiance ; ceux-ci se traduisirent presque immédiatement par des mesures violentes d'expulsion systématique. Le shogun avait été pris, en effet, d'une crainte subite à l'égard des Européens. Plusieurs causes provoquèrent cette frayeur.

Les guerres civiles continuelles, provenant, comme nous l'avons rappelé, des rivalités entre les seigneurs, désolaient le pays à ce moment. Les chrétiens indigènes, mêlés à ces luttes, avaient apparu soudain aux yeux d'Hideyoshi comme une cause de désordre ; le mécontentement qu'il éprouva de la résistance opposée par certains chré-

---

([1]) Il y avait, paraît-il, au début des persécutions, de 1 à 2 millions de chrétiens dans le sud du pays. On n'a pas été peu surpris de retrouver, après la réouverture du Japon, des traces indéniables de traditions chrétiennes chez ces populations méridionales.

tiens indigènes à ses ordres, ne fut sans doute pas étranger non plus à la persécution ; mais la maladresse d'un officier de marine espagnol semble, d'après la tradition, avoir été le motif déterminant du changement soudain de l'attitude des Japonais. Ayant fait naufrage sur les côtes méridionales et conduit auprès d'un ministre du shogun Yeyasum, cet officier aurait vanté, dit-on, l'étendue des possessions du roi d'Espagne ; il en aurait expliqué la conquête en disant que les missionnaires chrétiens n'étaient que les précurseurs des armées espagnoles. Bref, une crainte invincible s'empara des gouvernants japonais, qui, confondant désormais les chrétiens et les étrangers, ne songèrent plus qu'à mettre leur pays à l'abri d'une invasion.

Tout fut mis en œuvre depuis le début du XVIIe siècle pour isoler le Japon du reste du monde, qui semblait peuplé uniquement d'ennemis. On persécuta naturellement les indigènes déjà convertis au christianisme, parce qu'ils représentaient l'influence étrangère. On décida de passer au fil de l'épée les naufragés de tous les navires qui échoueraient sur les côtes, afin de les mettre dans l'impossibilité de retourner chez eux pour en ramener des compatriotes.

On défendit même aux Japonais de construire de grands navires, afin de les empêcher de se rendre chez l'étranger ; et l'on punit sévèrement ceux qui manifestaient quelque tendance à ouvrir le pays.

Seuls parmi les Européens, les Hollandais eurent l'adresse d'écarter toute méfiance à leur égard, et d'obtenir la permission de continuer leur trafic dans le port de Nagasaki. Ils partagèrent ce privilège avec les Chinois. Une crainte terrible poussait ainsi les Japonais à faire ignorer le plus possible leur pays, afin de le soustraire à la convoitise des étrangers.

Ce système de défense leur permit de rester pendant deux siècles en dehors de toute influence étrangère, et de se trouver encore en 1846 dans le même état social qu'à l'époque de *Yieiasu*.

Si j'insiste autant sur le motif de cette

fermeture complète du pays, c'est parce que c'est ce même motif de crainte et de défense, qui, au milieu du XIXe siècle, par suite de circonstances dissemblables, inspira aux Japonais une conduite diamétralement opposée ([1]).

En 1846, une flotte américaine avait paru sur les côtes du Japon et y avait réveillé la crainte séculaire de l'étranger. En 1853, une nouvelle flotte américaine se présenta sous la conduite du commodore Perry, qui exigeait formellement l'établissement de relations commerciales entre

---

([1]) Cela n'empêche que l'évolution du Japon, pendant l'ère de « Meidji », ne trouve ses sources logiques dans l'histoire intérieure du pays pendant le cours du XVIIIe et du XIXe siècle. La transformation administrative de ces dernières années ne s'est pas faite sans avoir été préparée de longue main par les faits antérieurs. L'intervention occidentale a été l'occasion de cette évolution et c'est à ce titre qu'elle mérite d'être rappelée. Mais l'histoire nationale du Japon nous montre qu'elle n'en a été que l'occasion, car le vieil état de choses tendait à se modifier comme il s'est modifié ailleurs. Pas plus qu'ailleurs il ne s'agit donc, dans cette évolution, du simple « vernis de civilisation » cher aux publicistes d'Europe quand ils parlent du Japon. Pas plus qu'ailleurs, du reste, ce n'est cette évolution moderne qui a créé la « civilisation ».

son pays et le Japon; ses navires étaient
trop bien armés pour que le gouvernement
japonais osât les mal recevoir. Par prudence et par impuissance, le shogun se vit
forcé, pour éviter des représailles, de con-
trevenir aux sévères lois du pays à l'égard
des étrangers.

Il usa donc de moyens dilatoires, et afin
d'éloigner les Américains, il leur demanda
le temps de la réflexion, en les priant de
repasser l'année suivante.

La réapparition du commodore Perry en
1854 renouvela avec plus d'intensité l'agitation populaire qui, déjà, avait commencé
lors de sa première visite.

Les infortunés Japonais, contrecarrés
dans leurs idées traditionnelles, se voyaient
déjà l'objet de la conquête des barbares. Au
sujet des mesures à prendre, les opinions
les plus contradictoires se firent jour. Et
pendant ce temps, la flotte américaine était
là, menaçante, attendant une réponse.

Le souci d'éviter une querelle qu'il n'aurait pu soutenir, força le shogun à donner
aux Américains une satisfaction, en les

autorisant à faire le commerce dans deux ports, et en leur promettant un accueil amical en cas de naufrage sur les côtes japonaises.

La France, l'Angleterre et la Russie ne se firent pas faute de réclamer bientôt des conventions semblables, également arrachées à la crainte. Ces conventions furent le point de départ d'un mouvement populaire d'opposition, favorisé du reste par le mécontentement qu'occasionnèrent certains malheurs publics, tels qu'un tremblement de terre et une mauvaise récolte.

Le malaise général fut d'autant plus grand que le sentiment de loyalisme, si profondément enraciné chez les Japonais, les poussait à faire un grief au shogun de ce qu'il eût pris d'aussi graves décisions sans l'intervention directe de l'empereur. C'était là un résultat du mécontentement latent existant depuis quelques dizaines d'années contre le gouvernement shogunal, considéré par quelques-uns comme partiellement usurpateur.

L'incertitude au sujet de la succession

du shogun actuel ajoutait encore à la difficulté de la situation.

En 1856, de nouvelles instances sont
faites par les Américains en vue d'obtenir
l'ouverture d'un troisième port. En 1858,
enfin, de nouvelles conventions sont encore
imposées au shogun, qui traite malgré la
défense de l'empereur, dont on connaissait
la répugnance toute naturelle pour ces
innovations dans les relations extérieures.
Désormais, les puissances européennes
pourront faire le commerce dans cinq
ports.

Le shogun, désavoué par l'empereur,
dut annuler les conventions qu'il avait
signées et s'excuser comme il le pouvait
auprès des puissances étrangères. Toutes
les attaques dont il était l'objet depuis
1854 ne firent évidemment que se multi-
plier La situation devint intolérable. Ceux
qui regrettaient l'augmentation du pouvoir
shogunal et le rôle effacé de l'empereur
exhalèrent ouvertement leur rancune, que
jadis ils n'osaient manifester qu'en secret.
Quelques mesures maladroites de sévérité,

prises, comme il arrive toujours en pareil cas, par un gouvernement aux abois, donnèrent aux mécontents de nouveaux sujets de plainte.

Lors des conventions de 1854, le shogun était encore parvenu à apaiser tant soit peu les mécontents, en prétextant que la concession qu'il venait de faire aux étrangers n'avait été pour lui qu'un moyen de gagner du temps et qu'il saurait bientôt leur résister à main armée.

Mais la conclusion des traités subséquents fit bien voir l'inanité de cette excuse.

Aussi, comme il arrive souvent en pareil cas, un événement d'importance secondaire put-il, à un moment donné, mettre le comble au mécontentement populaire. Une bagarre se produisit près de Tokio entre quelques Anglais et le cortège d'un grand seigneur japonais (¹). Quelque temps après,

______

(¹) Ces étrangers, trop peu soucieux des habitudes du pays dans lequel ils se trouvaient, et dont ils ne soupçonnaient pas l'esprit de fière indépendance, avaient, paraît-il, refusé de laisser passer le cortège et de rendre au seigneur indigène les honneurs auxquels il était accoutumé.

le seigneur de Choshu attaqua des navires étrangers qui voulaient passer le détroit de Shimonoseki et, naturellement, s'attira des représailles.

La haine de l'étranger, née d'une épouvantable crainte d'envahissement du pays, prit le dessus et entraîna peu à peu la guerre civile.

On taxa le shogun d'incapacité et d'abus de pouvoir. On ne songeait à ce moment qu'à rendre à l'empereur le gouvernement actif et direct qu'il avait perdu et qu'il saurait bien employer, croyait-on, à empêcher l'invasion si redoutée des peuples d'Occident.

Cette émotion patriotique, qui explique bien des événements postérieurs, était devenue un véritable cauchemar pour les auteurs de la révolution de 1867, qui se fit au cri de : « Sonno Joï ! » (respect à l'empereur, et expulsion des étrangers). Le but du mouvement avait été, en même temps que la restitution à l'empereur du pouvoir direct, le retour à l'ancien isolement du pays, par la suppression des traités que les puissances d'Europe et d'Amérique venaient d'arracher par la crainte de leurs canons. Cette révolution est donc faite en faveur du souverain, et se trouve de la sorte être l'inverse des révolutions européennes de ce siècle. On a, par conséquent, pu l'appeler une restauration, bien que ce terme ne réponde pas exactement à l'idée que nous nous en faisons d'ordinaire, puisque l'empereur régnait déjà paisiblement avant ces graves événements, sans toutefois gouverner par lui-même d'une façon active.

Mais à peine le shogun avait-il été forcé, après mille péripéties, de donner à l'empereur sa démission (acceptée le 10 novembre 1867) [1], que les auteurs de sa chute se trouvèrent à leur tour aux prises avec les difficultés inextricables qui viennent d'être caractérisées. Ils se rendirent immédiatement compte de l'impossibilité de résister aux exigences des Européens, en voyant leur pays dans un état d'infériorité

[1] Le shogun démissionnaire vécut paisiblement dans le pays pendant de longues années encore.

de défense qui lui faisait courir le plus sérieux danger.

L'histoire de plusieurs pays d'Asie, et notamment celle des agissements tout récents des Anglais et des Français en Chine, n'était pas faite pour diminuer leurs craintes. Aussi leur ardent patriotisme lui-même et l'instinct de la conservation leur firent-ils voir l'inanité du but réactionnaire qu'ils s'étaient proposé.

L'éloignement des étrangers était devenu une impossibilité. Il ne restait qu'à entrer résolument et sans retard dans la voie que le malheureux shogun avait tracée bien malgré lui.

Il fallait supporter la présence des Européens, en faisant honneur aux engagements pris et en filant doux pour éviter leur mauvaise humeur (¹).

(¹) Cette psychologie de la révolution de 1867 est, du reste, en corrélation avec bien des mouvements de réaction qui sont survenus depuis trente ans par l'influence de certaines parties les moins éclairées de la population et qui, au premier abord, pourraient nous sembler incompréhensibles.

Mais en même temps, sans renier le glorieux passé du pays, et sans rien abandonner de l'admiration légitime que son histoire inspire à la nation, il importait aux Japonais de se mettre promptement au niveau matériel de ces étrangers; il fallait adopter les terribles engins de destruction qui leur donnaient une supériorité aussi redoutable; c'était là le seul moyen pour le Japon de résister dans l'avenir à leurs exigences, et cela sous peine de se voir écraser comme la Chine venait de l'être, voire même de subir un asservissement complet comme l'Inde, la Cochinchine, et tant d'autres contrées voisines (¹).

(¹) On aurait donc tort de reprocher aux Japonais de n'avoir pas adopté toutes les idées des Européens. Tel n'a jamais été leur but. Ils n'ont jamais, et c'est à leur honneur, songé à renier leur passé et les traditions de leur nationalité; la preuve en est dans leur refus d'accepter le projet de code de M. Boissonnade qui, s'inspirant uniquement du code Napoléon, n'avait pas suffisamment tenu compte des mœurs du pays; mais par un choix méthodique, ils ont cherché simplement à prendre à la civilisation occidentale ce qui leur paraissait utile, formant en France leurs juristes, en Allemagne leurs savants, en Amérique leurs ingénieurs, en Angleterre leurs marins, et confiant l'éducation de leurs soldats à des officiers français

Avec d'autres, parmi lesquels le célèbre Okoubo, deux hommes d'un rare mérite, Ito et Inouyé, purent inspirer et renforcer l'adoption de cette sage politique ; ayant visité l'Europe, ils s'étaient rendu un compte exact de l'état de la civilisation de

d'abord et, plus tard (après 1870), à des officiers prussiens. En cela, ils n'ont fait, du reste, qu'agir comme les nations d'Europe n'ont cessé de faire les unes à l'égard des autres. Il était naturel que, dans le passé, la civilisation japonaise s'inspirât de celle du continent voisin : il fallait un rare discernement et une admirable préparation pour voir ce qui pouvait être utile chez des peuples éloignés. Aussi, les légères exagérations qui, au début, se sont forcément glissées dans l'adoption de la civilisation occidentale, sont-elles fatalement supprimées peu à peu, pour ne laisser subsister que le génie national enrichi des découvertes européennes. En résumé, comme me le faisait observer un des hommes les plus au courant des affaires extrêmes orientales, M. Harmand, ministre de France, cette assimilation si rapide démontre à elle seule combien était profonde et développée la civilisation antérieure de ce pays. Cette remarque est d'autant plus juste, qu'assurément on ne peut soutenir que notre civilisation européenne ne date que de l'invention des chemins de fer et des télégraphes ; avant ces précieuses découvertes de l'intelligence, entrées dans le domaine universel, les Européens n'étaient pas des sauvages. Pourquoi les peuples d'Asie auraient-ils été, avant de les connaître, plus dénués de civilisation que les sujets de Louis XIV ?

ces étrangers, qui venaient d'imposer au Japon, par leur présence, un si complet bouleversement du pays.

Ils considérèrent l'administration européenne et la plupart des lois d'Occident, dont le côté pratique les avait frappés, comme un complément indispensable de l'adoption de ses canons et de ses vaisseaux de guerre. Ils entrevirent une ère nouvelle de grandeur et de prospérité pour leur patrie. Aidés désormais par une légion d'intelligents collaborateurs, ils songèrent à étendre l'influence du Japon et à faire de lui l'arbitre de l'Extrême-Orient. Ils voulaient que leur pays pût traiter d'égal à égal avec les puissances étrangères, et s'attachèrent dans ce but à lui attirer l'estime et le respect des Européens ([1]).

[1] Ce désir de mériter, par contraste avec les Chinois, l'estime des peuples étrangers, se montrait dans mille choses, et tout particulièrement dans l'organisation très perfectionnée des soins aux blessés, comme dans l'accueil fait aux prisonniers de guerre en 1894. Les pièces de théâtre elles-mêmes, remplies à cette époque d'épisodes patriotiques tirés de la guerre, contenaient des scènes dans lesquelles était peinte la surprise des soldats chinois, en

Les traités imposés antérieurement à la
révolution avaient blessé profondément
l'amour-propre national, en soustrayant les
Européens établis dans les ports ouverts à
la juridiction indigène des Japonais, et pla-
çant de la sorte ceux-ci dans la situation
d'un peuple étranger au droit des gens.
Leur désir de réformer le pays leur impo-
sait presque la suppression des « capitulations » ; bien que nécessaires parfois,
celles-ci ont trop souvent, dans d'autres
contrées, engendré mille abus, le consul
et sa colonie formant une sorte d'État
dans l'État, comme le dit si justement
M. Gabriel Charmes dans son volume sur
la *Tunisie*.

Le développement du commerce devient
impossible par suite de la protection arbitraire que les consuls sont presque forcés

apprenant qu'on ne leur trancherait pas la tête; un officier
japonais leur déclarait solennellement, aux applaudisse-
ments du public, qu'ils étaient prisonniers d'un peuple
civilisé. Ce ne sont donc pas quelques faits isolés qui
pourraient détruire ce continuel souci d'humanité, que
les Japonais n'ont cessé d'avoir dans un intérêt bien
compris.

d'accorder à leurs nationaux, souvent contre tout droit.

La conservation même d'un pays est en jeu, car les capitulations sont pour les puissances étrangères l'occasion de provoquer des difficultés qui leur permettront de se mêler des affaires du pays et de pêcher en eau trouble. Ce sont ces dangers que le gouvernement japonais était tenu d'éviter jusqu'à présent, au grand dommage de l'industrie occidentale, en ne traitant jamais directement avec les firmes commerciales étrangères et ne leur donnant des commandes que par l'intermédiaire des maisons japonaises, seules admises à contracter avec l'État; en agissant autrement, le gouvernement japonais se serait trouvé, en effet, dans la situation intolérable de devenir, sur son propre territoire, justiciable des tribunaux étrangers, en cas de contestations avec les firmes étrangères.

L'annulation de ces traités était une des premières satisfactions exigées par le sentiment national. On voulut donc inspirer aux Européens une confiance fondée, dans la juridiction japonaise, afin d'obtenir de la sorte leur renoncement aux anciens traités; dès lors, l'un des objets de la sollicitude des pouvoirs était nécessairement l'élaboration de codes qui donneraient aux étrangers toute satisfaction, puisqu'ils étaient faits sur le modèle de leurs propres lois.

De là l'adoption des principes juridiques de l'Europe (¹).

Les nouveaux traités conclus tout récemment, et qui ne sont pas encore entrés en vigueur, assurent au Japon la pleine indépendance de sa juridiction; en même temps, ils établissent les bases des rela-

(¹) Il fallut quelque temps pour que les Européens, habitués à considérer tous les Orientaux comme des peuples destinés à la servitude, se rendissent compte de cet état d'esprit des Japonais. Le doyen actuel du corps diplomatique de Tokio, le baron d'Anethan, ministre de Belgique, est certainement un des diplomates qui ont le mieux étudié et apprécié les aspirations japonaises et le parti que les peuples européens pouvaient en tirer pour le développement de leurs relations commerciales. Aussi fut-il un des premiers à nouer avec les hommes les plus éminents du Japon des relations amicales, et doit-il à sa connaissance perspicace du pays la haute situation d'estime et d'influence qu'il y occupe.

tions commerciales, que le souci de la prospérité nationale pousse les Japonais à développer le plus possible. L'industrie, à laquelle ont été appliquées les méthodes européennes, a aussi été, dans ces dernières années, l'objet d'une constante sollicitude, et a provoqué l'heureux emploi de richesses latentes jusqu'alors inemployées.

Ce plan d'ensemble, résultant d'un but nettement patriotique et dont l'origine fut la crainte d'étrangers trop bien armés, peut, semble-t-il, soutenir la comparaison avec l'admirable et silencieux effort fait par la Prusse, après son écrasement par Napoléon, en vue du développement de sa puissance. Je me suis permis d'y insister, parce que, à mon sens, il fait partie intégrante et essentielle des origines de la guerre de 1894-1895.

Nous aurons l'occasion de le montrer ci-dessous. Cette création de toutes pièces, fruits d'efforts raisonnés, ne pouvait se réaliser, même partiellement, sans se heurter à maintes difficultés.

Sans parler des superstitions populaires,

hostiles aux innovations, nous voyons parmi les obstacles à celles-ci, la résistance armée opposée, tout au début du nouveau gouvernement, par une partie des grands feudataires du nord-est, restés partisans obstinés du shogun, et se refusant à perdre leurs anciens privilèges.

Elle fut bientôt réprimée.

La façon imprévue dont le nouvel état de choses suivit le retour du pouvoir direct à l'empereur explique, en effet, pourquoi cette résistance ne se produisit qu'après coup.

Elle eût éclaté avant les événements, si le renversement de l'ancien régime avait été prévu et, alors, peut-être, eût-elle été efficace. Avant les événements, on n'avait pu résister qu'à la suppression du shogunat, seul en jeu alors, et non pas encore à la transformation du pays.

Dans les années qui suivirent, plusieurs autres rébellions se firent jour, parmi lesquelles la plus importante fut assurément celle de Kagoshima, à laquelle se trouva mêlé le maréchal Saïgo, qui avait été l'un des auteurs de la révolution de 1867.

Reprenant l'idée originaire de cette « restauration », Saïgo s'engagea dans cette révolte, poussé par son loyalisme et convaincu qu'il avait le devoir de délivrer le trône de conseillers néfastes. Le point de départ de sa rupture avec les membres du nouveau gouvernement fut leur divergence de vues au sujet de la conduite à tenir envers la Corée. Nous aurons l'occasion de le rappeler, en exposant les événements de Corée relatifs à la guerre.

Mais il semble qu'avant tout, nous devions faire voir, en quelques mots, l'état intérieur de cette malheureuse contrée qui avait adopté, en les exagérant, tous les défauts de la civilisation chinoise, sans aucune de ses très sérieuses qualités.

II

LA CORÉE.

Peu de pays semblent avoir été aussi misérablement gouvernés (¹).

(¹) Le roi de Corée lui-même, dans une proclamation du 8 juillet 1894, résume le triste état de sa malheureuse

Une administration livrée á une aristocratie rapace et maîtresse de toutes les fonctions publiques, avait fini par épuiser la vitalité de la population et par faire abandonner presque entièrement l'exploitation des richesses naturelles du sol.

patrie. J'en donne ici la traduction française d'une traduction allemande de M. von HESSE WARTEGG, dans son volume *Korea* :

« Toujours mon esprit et mes efforts sont tendus vers le bien du peuple et de l'État, et je voudrais pouvoir faire plus que je ne fais.

« Partout j'aperçois la misère.

« L'agitation s'est emparée du peuple, parce qu'il ne sait plus où il en est.

« Tout cela me pèse terriblement, car je n'ai pas pu poursuivre la voie que m'ont ouverte mes ancêtres.

« Les lois sont tombées dans l'oubli. Tout est devenu dérision, les récompenses et les punitions ne font plus aucun effet, le mensonge règne partout.

« Dans l'administration des finances et de l'armée, on foule aux pieds tous les principes fondamentaux.

« Les employés ne sont pas à la hauteur de leur position.

« Tout recule et tombe.

« Les fonctionnaires prétendent faire leur devoir, mais beaucoup des plus hauts mandarins se laissent aller à une avarice sordide pendant qu'ils n'ont pas soin de l'intérêt de leurs administrés.

« Ils ne punissent pas les infractions à la loi et ne se soucient de rien pourvu qu'on les laisse tranquilles.

« Peu leur importe ce qui arrivera demain. »

Le mandarinat était en Corée la seule carrière que la caste noble considérât comme digne d'elle. Malgré les examens conventionnels, n'échappant pas eux-mêmes à la corruption, il était devenu, pour l'aristocratie, l'objet d'un monopole à peu près exclusif; les nobles non investis de fonctions publiques considéraient le travail comme une dégradation, et tombaient alors à charge de leurs parents pourvus d'un poste quelconque.

Le roi, dispensateur des places, trouvait dans la vente de celles-ci la source la plus abondante des finances de l'État. Aussi, lorsque tout récemment le trésor se trouva obéré, s'empressa-t-il, dit-on, de réduire à un an la durée des fonctions publiques, qui, auparavant, était de trois ou de deux années, afin d'accroître ainsi les revenus [1]. Les mandarins, à leur tour, ne faisaient guère de nominations dépendant d'eux, que contre espèces sonnantes.

C'est ainsi que du haut jusqu'au bas de

---

[1] VON HESSE WARTEGG, *Korea*.

l'échelle, les fonctionnaires étaient tributaires les uns des autres; tous se rembour-
saient du reste impunément, en usant de
leur pouvoir presque discrétionnaire pour
pressurer le peuple. Les exactions étaient
d'autant plus fortes que la durée des fonctions avait été diminuée et que chaque
mandarin devait pourvoir à l'entretien de
sa famille et usait, dans ce but, du plus
révoltant arbitraire.

Tout homme qui avait réussi à amasser
un certain pécule devenait, par le fait
même, l'objet des convoitises des mandarins, et se voyait bientôt confisquer le fruit
de son travail sous un prétexte quelconque.

Aucune plainte ne pouvait parvenir au
souverain, vivant inaccessible dans une
majesté de demi-dieu, et sur lequel il était
même défendu à la foule de jeter un regard.
Aussi, sans défense aucune, l'homme du
peuple ne songeait-il qu'à cacher soigneusement ce qu'il pouvait posséder, et à vivre
dans une misère sordide pour éviter de se
voir dépouiller. Par là même, tout emploi
utile de la richesse devenait impossible; la

seule activité du pays se manifestait d'une façon intermittente en de sanglantes révoltes, provoquées périodiquement par l'une ou l'autre exaction exagérée de quelque mandarin.

Dans ces dernières années, de graves difficultés intérieures avaient encore empiré ce déplorable état de choses. La secte religieuse des Tong-Hak-Ou-To, fondée en 1859, favorisa bien des soulèvements par suite du mécontentement de ses adeptes, mis au ban du royaume. Puis, les dissensions intestines de la famille royale, provoquées par une sorte d'usurpation du trône de la part du souverain actuel en 1864, donnèrent lieu aux événements à la fois les plus invraisemblables et les plus cruels.

En effet, par la plus singulière des combinaisons, le roi mineur Li-Hsi se trouva, pendant huit années, sous la tutelle de son père, héritier légitime du trône, mais qui lui-même en avait été écarté par une intrigue de palais (¹). Lorsqu'éclata la guerre

(¹) Ce bouleversement dans l'ordre normal de la succession était dû à la vieille reine Chao, grand'mère des deux

de 1894, l'histoire de la Corée se résumait depuis trente années en une lutte sournoise entre le père du roi, connu sous le nom de Tay-Ouen-Koun, et le roi lui-même; depuis 1872 celui-ci était soutenu par sa femme, qui l'avait amené, presque immédiatement après son mariage, à prendre lui-même en mains les rênes du gouvernement.

La reine était devenue l'âme de la résistance au vieux prince; douée d'une énergie peu commune, elle était parvenue en peu de temps à dominer complètement son époux; appartenant à la noble famille des Min, elle trouvait en ses nombreux parents de zélés soutiens. Le Tay-Ouen-Koun était

derniers rois, sous le règne desquels elle avait exercé une influence prépondérante. Peu confiante dans son troisième petit-fils (plus tard le Tay-Ouen-Koun), héritier légitime du trône, elle adopta le fils même de ce prince.

Par cet acte d'état civil qui nous semble bizarre, elle faisait de son arrière-petit-fils son fils, et le rendait de la sorte oncle de son propre père, auquel il était, par le fait même, substitué dans les droits à la couronne.

L'histoire de l'Extrême-Orient donne plusieurs exemples de ces reines douairières qui ne reculent devant aucun moyen pour maintenir leur propre pouvoir en favorisant telle ou telle de leurs créatures.

imbu des vieilles idées d'hostilité envers les étrangers. La reine, au contraire, semblait disposée à donner à son pays un nouvel essor par l'adoption de certaines innovations. En même temps, elle paraissait animée d'un ardent patriotisme et du désir de maintenir l'indépendance de son pays.

Le récit des épisodes sanglants de la lutte entre le Tay-Ouen-Koun et sa bru serait trop long à faire; nous aurons l'occasion d'insister sur quelques faits qui se rapportent plus particulièrement aux relations extérieures de la Corée, et, par conséquent, aux origines de la guerre.

Aucune insurrection n'était parvenue à délivrer le peuple du joug de l'aristocratie, ni des souffrances qu'augmentaient pour lui les dissensions de la famille royale et les luttes cruelles des partisans de factions ennemies.

Une intervention étrangère efficace pouvait seule, semblait-il, rénover ce pays, pour lequel elle devait être, assurément, un inestimable bienfait. Cette intervention

était cependant l'objet d'une crainte générale en Corée, car dès les premiers temps de
son histoire, elle avait cruellement souffert
d'invasions continuelles de ses deux puissants voisins.

A peu près égale à la Grande-Bretagne
en superficie, elle s'était trouvée, dans sa
situation péninsulaire, assez isolée pour
constituer par elle-même un État, mais en
même temps trop faible pour se maintenir
indépendante. Aussi avait-elle été continuellement forcée de solliciter humblement la
paix et, pour acheter une sécurité relative, de payer tribut à l'un et à l'autre.

Les premières relations de ce malheureux pays avec le Japon datent de l'an 32
avant Jésus-Christ. A cette époque, la Corée
était divisée en quatre petits États dont les
luttes étaient fréquentes. Le souverain de
Mimana, l'un de ces États, sollicita contre
son voisin, le roi de Siraki, le secours du
Japon, qui trouva là une occasion propice
de se mêler des affaires de Corée.

Plus tard, en l'an 200 après Jésus-Christ,
le roi de Siraki est soupçonné d'avoir favo-

risé une révolte dans l'île japonaise de Kiou-siou; il est puni par une invasion de la Corée, qui entraîne l'établissement d'un tribut à sa charge, en même temps qu'à celle de deux autres souverains.

Le principe oriental du tribut, expression de la soumission et de la vassalité, ne cessa de subsister depuis, malgré une interruption momentanée des relations, provoquée par des difficultés passagères.

Au VIIe siècle, un roi de Siraki parvint, malgré l'opposition des Japonais, imbus du principe *divide et impera*, à s'annexer les trois États voisins, et à ériger la Corée en un royaume unique; sa dépendance du Japon subsista néanmoins; il avait été puissamment aidé dans la réalisation de ses plans par la Chine, dont l'intérêt était opposé à celui du Japon, bien qu'il n'y eût alors, entre les deux grands pays, aucune cause d'hostilités immédiates. La politique chinoise consiste, en effet, depuis bien des siècles, à entourer le centre du pays d'une ceinture d'États tampons, qui dépendent du gouvernement central tout en jouissant d'une certaine indépendance intérieure. Ces États étaient destinés à protéger l'immense empire contre les coups du dehors.

Leurs souverains recevaient de Pékin l'investiture ainsi que le calendrier, symbole de la domination impériale, et devaient payer tribut. Il n'est donc pas surprenant que les Chinois, entourés ainsi de vassaux et ne connaissant rien du monde occidental, aient fini par se considérer comme supérieurs à toute autre nation de la terre. Il leur était bien naturel de croire que lorsque des étrangers venaient à Pékin, c'était pour rendre au Fils du Ciel les hommages auxquels il était habitué de la part de tous les peuples qu'il connaissait et qui certainement devaient beaucoup à la Chine.

Dès le VIIe siècle, la Chine avait donc déjà un puissant intérêt à ce que la Corée, tout entière, formât un seul État assez important pour faire partie de sa ceinture protectrice. C'est sans doute de cette intervention que date la suzeraineté établie par la Chine sur la Corée.

Ce ne fut qu'un millier d'années plus

tard, en 1637, lors de l'avènement de la dynastie mandchoue, qu'après avoir envahi la Corée, les Chinois réglèrent, par un traité, des relations de vasselage qui leur permettaient d'intervenir dans le pays quand bon leur semblerait.

Mais avant cela, au cours de l'histoire, nous voyons se produire aux XIe, XIIIe, XIVe et XVe siècles des invasions réciproques de Japonais en Corée, ou de pirates coréens, souvent aidés par les Chinois, au Japon. En 1592, le grand ministre Hideyoshi, lui aussi, envoya en Corée une expédition guerrière qui battit les armées chinoises venues à sa rencontre (¹).

Des conditions de paix très dures furent proposées par Hideyoshi et refusées par les Chinois, qui parvinrent cependant à

(¹) Hideyoshi, l'un des hommes d'État les plus célèbres de l'Extrême-Orient, était d'une extraction trop modeste pour pouvoir, d'après les traditions nationales, recevoir le titre de shogun, toujours porté par un membre d'une grande famille. C'est donc sous une autre dénomination qu'il eut les pouvoirs et remplit en réalité la fonction de shogun, laissée vacante pendant la brillante période de son administration.

éviter la conquête définitive de la Corée.
Après avoir fait traîner les négociations de
paix, l'envoyé de l'empereur chinois fit
croire à son maître que Hideyoshi demandait, non pas la reconnaissance de sa domination sur une partie de la Corée, mais l'in-
vestissement par la Chine, en sa faveur
personnelle, de la souveraineté sur le
Japon ; le Fils du Ciel s'empressa donc de
lui faire cette offre qui lui coûtait si peu.
Mais dès que Hideyoshi comprit la véritable
portée de la proposition qui lui était faite,
son loyalisme la lui fit refuser avec indigna-
tion ; aussi voulut-il reprendre ses opérations militaires, qui avaient pour but la
conquête du trône de Chine. La mort de
Hideyoshi empêcha la réalisation de ses
vastes projets, et les relations de la Corée
avec le Japon restèrent ce qu'elles avaient
été jusqu'alors.

Le Japon retira de cette guerre le droit
d'établir à Fusan 300 hommes de garnison ; d'autre part, le prince de Tsuchima
obtint dans la suite le monopole du commerce avec la Corée.

Des relations commerciales plus suivies s'établirent cependant au profit des Japonais dans certains ports de Corée; des traces de la langue japonaise sont, du reste, encore sensibles dans le sud du pays.

On comprend que cette malheureuse contrée, ravagée et rançonnée sans cesse, ait vu décroître singulièrement sa prospérité, malgré un passé brillant pendant lequel elle a, paraît-il, été pour ses voisins, un foyer de civilisation. On comprend aussi que les classes dominantes de la Corée, vivant perpétuellement dans la crainte d'invasions étrangères, aient cherché par tous les moyens à garder leur pays hermétiquement fermé, et, en un mot, à se faire oublier. Toute la politique coréenne est dominée par cette crainte, née de la terrible expérience que l'on avait faite, des interventions étrangères. L'administration du pays, replié sur lui-même, gardait donc forcément tous ses défauts, qu'aucune expansion extérieure ne pouvait venir corriger.

Le résultat de cette politique de totale claustration fut, naturellement, qu'au dehors on eut sur la Corée les idées les plus invraisemblables. On racontait que ses rois étaient enterrés dans des cercueils d'or, alors que la Corée fut, depuis les temps historiques récents, un des pays les plus pauvres du globe; on se plaisait à le peupler d'animaux d'une taille fantastique, et à en faire un séjour merveilleux et invraisemblable. Rien ne caractérise mieux la méfiance invétérée des Coréens envers tout étranger que l'histoire de ce naufragé hollandais qui, venant de Nagasaki, échoua sur la côte en 1653. Il y fut fort bien reçu, mais on l'empêcha de quitter le pays, de peur qu'il n'appelât sur celui-ci l'attention des étrangers et ne lui attirât ainsi de nouveaux malheurs.

Il partagea, d'ailleurs, cette captivité avec quelques-uns de ses compatriotes, qui avaient fait naufrage avant lui et qu'il fut bien surpris de trouver là, retenus avant lui, de la même façon. Ce ne fut que par un hasard fortuit qu'au bout de plusieurs années, il parvint à quitter ces rives, trop hospitalières.

En dépit de cette étroite réclusion du « royaume ermite », le christianisme était parvenu à s'infiltrer dans le pays par la frontière chinoise, grâce au zèle d'un jeune attaché coréen à Pékin.

La confusion est généralement faite en Orient, au point de vue moral, entre les chrétiens indigènes convertis par des étrangers et ces étrangers eux-mêmes, que souvent l'on craint tant ([1]); cette confusion provoqua, en 1865 et 1866, une cruelle persécution religieuse. Le Tay-Ouen-Koun, qui était régent du royaume et dont nous

[1] Cette confusion, que la crainte provoque dans l'esprit des indigènes non convertis, s'explique fort bien si l'on songe que les convertis abandonnent une partie des idées nationales mêlées aux conceptions religieuses du pays, et subissent dès lors une influence étrangère. Cette influence s'étend forcément bientôt à certaines questions matérielles. Dès lors, aux yeux de leurs compatriotes, les convertis deviennent aisément des transfuges inféodés aux étrangers; par conséquent ils sont aussi à craindre. Si les questions religieuses n'étaient pas compliquées, de la part des Européens, de questions politiques, cette crainte serait plus aisément dissipée.

connaissons les tendances, fit rechercher activement tous les chrétiens, indigènes ou autres, pour les mettre à mort; dans sa pensée, il ne devait en rester aucun, afin que les Européens n'eussent point, pour envahir le pays, le prétexte de les protéger ([1]).

Les missionnaires français furent, les premiers, victimes de ces massacres. Aussi le gouvernement de Napoléon III envoya-t-il en Corée une expédition, qui, du reste, subit un complet échec. Cet événement donna à la Chine l'occasion de prouver l'avantage qu'elle tirait de l'existence des États tampons. Aux réclamations que la France lui adressa, elle opposa une fin de non-recevoir, fondée sur ce que la persécution était le fait d'un État indépendant. S'étant ainsi dérobée à toute responsabilité, la Chine écrivait en même temps à Séoul, pour engager son vassal à éviter toute offense envers un pays aussi puissant que la France.

([1]) VILLETARD DE LAGUERIE, *La Corée.*

En 1871, une expédition américaine eut un résultat tout aussi négatif. La réponse des Coréens aux ouvertures faites par les Américains, en vue de l'établissement de relations entre les deux pays, est trop typique pour n'être pas relatée. (Je la trouve citée dans le volume de M. Gundry : *China and her neighbours*.)

« Il y a trois ans, un homme de votre nation (Febiger) est venu ici, nous a parlé et est parti. Pourquoi ne faites-vous pas de même ? Deux ans auparavant, des hommes venus d'un pays qu'on nomme la France vinrent ici ; demandez-leur ce qu'il est advenu d'eux. Notre peuple a vécu 4,000 ans satisfait de sa civilisation. Nous ne troublons pas les autres nations, pourquoi venez-vous nous déranger ? Notre pays est dans l'extrême orient et le vôtre dans l'extrême occident. Pourquoi traversez-vous ainsi les mers ?

« Est-ce pour vous informer de ce qui arriva au navire américain que nous avons détruit ?

« Les hommes qui montaient ce navire

commirent des actes de piraterie et de meurtre, et en ont été punis de mort. ·

« Venez-vous pour vous emparer de notre pays?

« Vous ne l'aurez pas.

« Nous ne voulons pas de relations avec vous. »

Et lorsque, pour les amadouer, on leur offrit de leur rendre leurs prisonniers, ils ne trouvèrent que cette réponse :

« Faites ce que vous voudrez; si vous gardez trop longtemps nos compatriotes, ils seront, après leur libération, sévèrement punis par nous pour avoir tardé à revenir. »

A l'époque où la Corée eut avec certaines nations occidentales les dissentiments dont nous venons de parler, ses relations avec le Japon n'étaient guère meilleures qu'avec la France ou les États-Unis.

Après la « restauration » de 1867, le nouveau gouvernement japonais s'était empressé de faire part à la Corée des événements qui venaient d'avoir lieu dans l'Empire du Soleil levant; les envoyés de

celui ci ne reçurent qu'un accueil dédai-
gneux de la part du Tay-Ouen-Koun, alors
régent, qui désapprouva hautement l'ouverture du Japon à l'influence étrangère.
Un malentendu favorisa encore la divergence de vues, née des événements. Le
gouvernement coréen, habitué à ne corres-
pondre depuis des siècles qu'avec le shogun, qu'il avait fini par prendre pour le
véritable souverain du Japon, fut surpris
de recevoir une communication dans laquelle son suzerain japonais prenait le titre
d'empereur, qu'il n'avait depuis si longtemps vu employer que par le potentat
chinois. Il crut à une usurpation qui lui
donnait le droit de répondre par des
insultes ; aussi le Tay-Ouen-Koun alla-t-il
même jusqu'à menacer les Japonais d'un
traitement semblable à celui qu'il venait
d'infliger aux Français, contre lesquels il
avait imploré, à un moment donné, l'assistance du gouvernement japonais. Le Japon,
en butte aux difficultés intérieures que
nous connaissons, et menacé lui-même par
les Européens, avait été dans l'impossibi-

lité d'intervenir. L'amour-propre national des Japonais avait été fortement blessé par l'attitude de la puissance vassale. Cependant, désireux à cette époque d'éviter toute complication, le gouvernement impérial fit plusieurs tentatives en vue du rétablissement des relations amicales. Même après la retraite du Tay-Ouen-Koun, ce fut sans aucun succès ; et cependant, à un certain moment, la révolution de palais qui, à Pékin, avait amené la proclamation du souverain actuel avec la régence de sa tante, empêchait la cour de Séoul de compter sur le moindre secours de la Chine, trop absorbée chez elle. L'adoption de la civilisation occidentale avait rendu les Japonais aussi suspects que des Européens mêmes ; ceux-ci, d'ailleurs, avaient, depuis la grande guerre de Hideyoshi, conservé à l'égard de leurs envahisseurs un ferment de haine qui ne cherchait que l'occasion de se manifester.

En 1874, quelques chauvins provoquèrent au Japon un mouvement, d'ailleurs bientôt réprimé, pour forcer le gouvernement à punir par les armes l'impertinence de la Corée.

En août 1875, nous voyons les Coréens pousser l'audace jusqu'à attaquer quatre navires japonais qui avaient cru pouvoir faire relâche dans le port de Chemulpo. C'est à la suite de cet événement qu'en 1876, le maréchal Saïgo, poussé par ses partisans, adopta l'idée de la nécessité d'une répression sanglante de l'affront infligé à son pays. Considérant la longanimité du gouvernement comme un excès de faiblesse contraire à l'honneur national et provenant de la diminution de l'esprit militaire ([1]), il

([1]) Malgré tout, il semble que ce ne pouvait être non plus sans un certain dépit que, dans le nouvel état de choses, il avait vu grandir l'influence des diplomates et des hommes de loi au détriment de celle des hommes d'armes, jadis les premiers, et dont il était le chef. Il est, du reste, parfaitement compréhensible que parmi ceux qui suivirent ou plutôt poussèrent Saïgo, il y eût des Samuraïs mécontents de la suppression si brusque de leurs privilèges. Le Japon était le pays béni des militaires, qui y avaient une situation comparable à celle des officiers en Prusse. Il est naturel que ces hommes qui, comme nos chevaliers du moyen âge, ne vivaient que pour le métier des armes, n'aient pas vu de gaîté de cœur supprimer jusqu'à leur raison d'être. La nation qui les admire et qui

voulut délivrer l'empereur de conseillers qu'il croyait néfastes, et provoqua ainsi, par pur patriotisme et même par loyalisme, la fameuse insurrection de Kagoshima, dont nous avons déjà dit un mot (¹). Cet événement fut le point de départ d'un développement intense de l'armée, dont on avait reconnu la faiblesse par la difficulté avec laquelle elle avait réprimé l'insurrection.

Le gouvernement, tout en rétablissant le calme à l'intérieur du Japon, eut le mérite de tirer fort habilement parti des circonstances pour obtenir des excuses de la part

a si longtemps vécu de leur gloire, aura certainement bien des occasions encore d'applaudir à leur vaillance.

(¹) L'esprit de dévoûment envers l'empereur et de profonde loyauté qui anima le grand Saïgo dans sa tentative maladroite mais cependant digne d'une certaine admiration, a été bien compris des Japonais, si épris d'idées chevaleresques. La mémoire de Saïgo est universellement respectée au Japon et l'empereur a eu la grandeur d'âme de lui rendre hommage lui-même, en lui rendant, après sa fin tragique, ses titres et ses dignités. Ce trait d'histoire mérite d'être signalé parce qu'il nous fait comprendre le culte des Japonais pour leur patrie et l'admiration qu'ils professent pour ceux qui se dévouent à elle, même d'une façon erronée !

de la Corée et conclure avec elle, en mai 1876, un traité important qui marque l'ouverture de la péninsule à la civilisation du dehors. Le roi de Corée avait appelé à son secours la Chine, qui, absorbée par les premières difficultés de ses relations avec la France au Tonkin et en Annam et craignant quelque complication, ne crut pas devoir intervenir.

Les principales clauses du traité de 1876 sont les suivantes :

1º La Corée, étant un État souverain, aura les mêmes prérogatives que le Japon;

2º Les deux États communiqueront, en amis, sans supériorité de l'un sur l'autre au point de vue de l'étiquette ;

3º Les deux États échangeront leurs représentants ;

4º La Corée ouvrira, dans vingt mois, des ports pour le commerce entre les sujets des deux États ;

5º Les navigateurs japonais auront le droit de sonder les côtes coréennes ;

6º Les affaires litigieuses qui s'élèveront entre les sujets des deux pays seront jugées par les tribunaux du lieu, d'après les lois de l'un ou de l'autre État, etc. Ce traité constitua certainement un succès considérable de la diplomatie japonaise, qui parvint non seulement à ouvrir la Corée, mais encore à faire renier par elle tout son passé de vassalité envers Pékin; le roi devait, du reste, accomplir encore dans la suite certains actes qui sont en contradiction avec cette déclaration d'indépendance envers la Chine.

Le traité de 1876 fut le point de départ de l'établissement de négociants japonais dans tous les ports de Corée; par elle, le Japon remplissait à l'égard de la Corée le rôle d'initiateur, qu'il avait subi lui-même de la part des États-Unis d'Amérique.

Comme on le voit, déjà dans cette convention, le Japon montre sa volonté de défendre l'indépendance de la Corée, et paraît même renoncer, dans ce but, à l'idée de sa propre suzeraineté, qu'il remplace par une influence nouvelle.

Ce traité fut soumis alors au gouvernement de Pékin, qui, craignant des difficultés, eut bien soin de ne soulever aucune protestation. En affirmant les prétentions de suzeraineté qu'elle avait toujours eues dans l'histoire, la Chine aurait, en effet, assumé, pour l'avenir, des responsabilités en cas de troubles dont les Japonais auraient pu souffrir. Sa prudence lui inspira une fatale renonciation tacite à ses droits (¹).

(¹) Cette renonciation n'était tout d'abord que tacite et resta en contradiction avec certains faits naturellement acceptés par la Chine, tels que, par exemple, la communication officielle, faite en 1890 par le roi de Corée, de la mort de la reine douairière. Sachant que cet événement devait entraîner pour lui la réception fort coûteuse d'un commissaire impérial, considéré dans la hiérarchie chinoise comme supérieur à lui-même, Li-Hsi écrivit à l'empereur : « Notre pays est un petit royaume, État vassal de la Chine, dont l'Empereur lui a, de temps immémorial, témoigné la plus grande bienveillance.

« Grâce à l'assistance de l'Empereur qui nous procure la paix et la tranquillité, notre gouvernement put survivre aux troubles de 1882 et 1884 (il en sera parlé plus loin). Puisque Votre Majesté a bien voulu nous prodiguer ses faveurs, nous croyons pouvoir lui faire connaître tous nos désirs : comme un petit enfant confiant dans la bienveillante tendresse de ses parents, nous croyons pouvoir compter que Votre Majesté autorisera ce qui fait l'objet de nos vœux » (V. Curzon, *Problems of the Far-East*).

La soumission de ton de cette lettre est comparable à

Le même motif la fit agir de pareille façon lors de la conclusion des traités de la Corée avec l'Amérique, et ensuite avec les autres puissances, qui suivirent tout naturellement celui de 1876 ([1]). En 1882, un navire américain avait été pillé par des Coréens. Les États-Unis en profitèrent pour exiger la conclusion d'un traité permettant quelques relations commerciales avec le royaume ermite.

Désireux d'éviter toute responsabilité pour la Chine, le comte Li (Li-Hung-Chang, gouverneur du Petchili) vit en même temps dans ce fait l'occasion d'introduire en Corée des Européens qui y pourraient contrecarrer l'influence grandissante de l'empire rival. Il poussa donc énergiquement à la conclusion d'un traité, mais voulut en profiter pour ressaisir cette suzeraineté dont

celle que nous retrouvons, au cours de l'histoire, dans les communications du roi de Corée à l'empereur de Chine, qui se mêlait parfois des moindres détails de la vie privée de son vassal.

([1]) États-Unis d'Amérique, 1882; Angleterre et Allemagne, 1883; Italie et Russie, 1884; France, 1886; Autriche-Hongrie, 1893, etc.

son gouvernement avait paru antérieurement faire si bon marché. En conséquence,
il parvint, par son influence, à faire dire au
début de ce traité de 1882 : « Le président
des États-Unis admet que la Corée a toujours été tributaire de la Chine, mais le
présent traité sera considéré comme n'ayant
aucun rapport avec cette reconnaissance. »

Ce n'était là que le résumé de la note
que, sur les instances du comte Li, le roi
de Corée envoya, avant la signature, au
gouvernement américain.

Il y disait ce qui suit :

« Le Roi de Corée reconnaît que la Corée est tributaire de la Chine; mais pour
l'administration intérieure et pour les relations avec l'étranger, elle jouit de sa complète indépendance.

« Au moment de conclure un traité éta-
blissant des relations entre les États-Unis et
la Corée, le Roi, à titre de monarque indépendant, s'engage à exécuter les clauses du
traité sans tenir compte des relations tributaires qui existent entre la Corée et la Chine,
et ne regardent nullement les États Unis. »

Malgré cette proclamation d'indépendance de la Corée, l'influence chinoise à Séoul était du reste assez forte pour qu'on y admît l'exigence que l'envoyé coréen à Washington fût, en tout, soumis à son collègue de Chine et ne présentât que par l'intermédiaire de celui-ci ses lettres de créance.

Les deux documents qui viennent d'être cités, complétés par la prétention chinoise au sujet du rôle du ministre coréen à Washington, montrent admirablement la double tendance des Célestes à vouloir dominer sans encourir de responsabilité et à reprendre d'une main ce qu'ils ont donné de l'autre.

Le gouvernement américain n'ayant pas admis cette contradiction flagrante entre le traité lui-même et les déclarations qui l'accompagnaient, les relations diplomatiques avec la Corée furent rompues ; lorsque le roi Li-Hsi envoya des ambassadeurs chargés de ratifier, en Europe même, les traités qu'il venait de conclure avec l'Allemagne et l'Angleterre (1883), le gouvernement chinois maintint, par la force, ses prétentions à la suzeraineté, en arrêtant à Hongkong les plénipotentiaires.

En 1882, une révolte militaire, provoquée, disait-on, par les dilapidations du mandarin chef de l'armée, donna à la Chine une nouvelle occasion de rasseoir momentanément sa domination perdue. Sous les influences diverses dont nous avons parlé, l'émeute prit bien vite de sérieuses proportions. La légation japonaise de Séoul fut attaquée et ses habitants ne durent leur salut qu'à la fuite.

Impuissant à la réprimer, le roi implora le secours du gouvernement chinois, à la légation duquel il s'était réfugié. Les troupes chinoises rétablirent l'ordre et firent exiler en Chine le Tay-Ouen-Koun, auteur principal du mouvement. La conséquence de cet événement fut la formation en Corée de deux partis : les « Indépendants », désireux d'apporter certaines réformes dans le gouvernement, en imitant les Japonais, et recourant au besoin à leur aide ; et les « Dépendants », heureux de la récente intervention chinoise, qui avait eu pour conséquence une augmentation de l'influence du gouvernement de Pékin et l'arrêt de toute autre immixtion étrangère. Le premier de ces deux partis devait naturellement rallier bientôt les sympathies des membres de la secte religieuse des Tong-Hak-Ou-To; sous l'empire des persécutions dont ils étaient l'objet de la part du gouvernement, ceux-ci ne pouvaient manquer, en effet, de combattre pour un état de choses nouveau qui leur assurât l'immunité.

Les souverains de la Corée, débarrassés de leur ennemi le Tay-Ouen-Koun, devaient à l'intervention chinoise de 1882 leur situation actuelle, et étaient naturellement devenus les instruments dociles des représentants de la Chine.

Aussi, en 1884, se produisit une révolution en sens inverse de la précédente. Le Tay-Ouen-Koun exilé avait sans doute conservé des intelligences dans le pays. Si son but continuel n'avait été de nuire à son fils et à sa bru, il eût dû logiquement, étant données ses tendances antérieures, se montrer satisfait de l'état actuel du gouvernement coréen. Mais sa haine, avivée par son exil, suffit à expliquer le rôle qu'on lui attribue généralement dans cette circonstance, en pensant qu'il favorisa cette révolte à la tête de laquelle se trouva un nommé Kim-Ok-Kioun.

L'influence des Japonais, qui représentaient pour les mécontents coréens l'idéal du progrès, ne fut sans doute pas étrangère non plus aux événements de 1884.

Une révolte éclata au moment, adroitement choisi, où la Chine se trouvait en lutte avec les Français et où l'amiral Courbet venait de détruire la flotte chinoise et l'arsenal de Fou-Tchéou. Plusieurs ministres, réunis à l'occasion d'une fête, furent tués par les rebelles. Le roi, se sentant en danger, ne crut pouvoir mieux faire que de demander la protection de la légation japonaise, qui dépêcha au palais les soldats dont elle disposait.

Les « Dépendants », partisans de la tradition, résistèrent à l'attaque de leurs adversaires, et furent tout naturellement soutenus par la troupe chinoise. Celle-ci n'eut rien de plus pressé que d'attaquer, dans le palais du roi, ceux qu'elle considérait comme ses ennemis. C'est ainsi que la lutte entre les deux factions coréennes devint un combat entre Chinois et Japonais (¹).

Ce combat ne fut pas arrêté lorsque le roi, voulant calmer l'émeute, pria les Japonais de se retirer à la légation de leur pays, parce que lui-même, mû par un noble sentiment, désirait rejoindre la reine-mère qui se trouvait entre les mains des troupes chinoises.

La légation japonaise fut donc attaquée, et ses dignitaires se virent de nouveau forcés de fuir, tandis que Kim-Ok-Kioun et un autre chef des conjurés se réfugiaient au Japon.

Cette situation intolérable de continuelles révoltes, qui mettaient en danger les représentants des puissances étrangères et rui-

---

(¹) Voir un article de Toru-Terao dans la *Revue politique et parlementaire* de Paris, septembre 1894.

naient le commerce des ports, ne pouvait évidemment durer.

Lorsque la légation japonaise, escortée de navires de guerre, eut été réinstallée à Séoul, le Japon refusa d'obtempérer à la demande de la Chine de retirer ses troupes restées en Corée. Il profita des circonstances pour conclure avec la Chine une convention très importante. Dans ce traité, signé à Tien-Tsin en février 1885, les deux puissances stipulent qu'elles retireront immédiatement de Corée leurs armées respectives, et qu'à l'avenir, aucune d'elles ne pourra envoyer des troupes dans ce pays sans avoir averti préalablement sa cocontractante.

Les événements relatés ci-dessus démontrent surabondamment l'irrémédiable faiblesse du gouvernement coréen, sans cesse troublé par des déchirements intérieurs et ballotté par les influences contradictoires de ses deux puissants voisins. La Chine avait eu le dessus après les troubles de 1882; après le traité de Tien-Tsin, la situation devint à peu près égale entre les deux puissances voisines de la Corée.

Le gouvernement de Pékin cherchait à consolider son influence chaque fois que l'occasion s'en présentait; cependant, fidèle au système de sa politique, il évitait soigneusement toute responsabilité qui pouvait être la conséquence de sa domination en Corée.

Ce désir de reprendre ce qu'on avait maladroitement abandonné se fit jour d'une façon frappante lors de l'incident connu, survenu entre l'Angleterre et la Russie en 1886. Les Russes avaient, par un coup de main, occupé Port-Lazareff; par représailles, et afin de s'opposer à leurs progrès, les Anglais s'établirent peu après dans l'îlot de Port-Hamilton, au sud de la presqu'île.

Les deux puissances, désirant à ce moment éviter une guerre imminente, évacuèrent l'une et l'autre les points dont elles venaient de s'emparer; elles s'étaient servies, pour leurs négociations, de l'intermédiaire de la Chine; malgré les faits antérieurs que nous venons de rappeler, celle-ci agit donc alors, en quelque sorte,

comme puissance suzeraine de la Corée.
Lors des traités successifs et contradictoires
qui, en fin de compte, établirent le protec-
torat français au Tonkin et en Annam, la
Chine usa de la même diplomatie tor-
tueuse ; le résultat en fut pour elle la perte
d'une dépendance sur laquelle elle avait
cependant affirmé ses droits chaque fois
qu'elle avait cru pouvoir le faire sans encourir de responsabilité.

La conséquence du traité de Tien-Tsin
de 1885 avait été un retard dans la réalisation effective des projets du Japon relatifs
à la Corée, tels que nous les avons exposés.
Les Japonais ne pouvaient provoquer encore la transformation désirée de leur voisine. La Corée, abandonnée à elle-même,
devait fatalement voir se renouveler des
événements semblables à ceux de 1882
et de 1884.

En 1890, le roi Li-Hsi, sentant grandir
l'influence des membres chinois de la
famille de sa femme, fit revenir son père le
Tay-Ouen-Koun, toujours exilé, afin peut-
être d'équilibrer les influences opposées.

Ce fut le point de départ d'une nouvelle période de troubles, fomentés tantôt par le père du roi, tantôt par ses adversaires.

En 1892, le Tay-Ouen-Koun faillit être victime d'une explosion dans son palais.

En 1894, le roi n'échappa que par miracle à une autre explosion.

La même année, Kim-Ok-Kioun, réfugié, comme nous le savons, au Japon, se rendit à Shanghaï; pris par des émissaires coréens, il fut assassiné, puis officiellement exécuté et mis en morceaux en Corée. Vers la même époque se produisit une révolte générale des Tong-Hac-Ou-To, qui bientôt, favorisée comme toujours par les dissensions de la famille royale, s'étendit à une grande partie du pays et entraîna nombre de cruautés réciproques.

III

LA GUERRE.

Les événements de l'histoire intérieure et internationale de la Corée que nous venons de relater présentaient pour les Japonais le plus grand intérêt.

La défense de leurs intérêts commerciaux leur faisait désirer, naturellement, un peu plus de tranquillité dans un pays dont les ports étaient remplis de leurs négociants. Ensuite, la puissance de la Chine était une raison péremptoire pour que, dans l'empire du Soleil levant, on voulût le maintien du *statu quo*, en vertu duquel la Corée séparait les deux grands États voisins.

La presqu'île coréenne était trop rapprochée des îles japonaises pour qu'elle pût, sans un sérieux danger, appartenir à un rival puissant. En devenant maître lui-même de la Corée, le Japon eût sans doute évité ce péril. Mais, sans compter les obstacles à la conquête elle-même, le Japon se fût, de la sorte, créé des difficultés plus grandes encore en se rapprochant de la Chine et en se privant de la frontière naturelle d'une mer dont d'autres ont eu, comme lui, l'occasion d'apprécier l'immense avantage.

Dès lors, l'existence de l'État « tampon »

semble logiquement avoir dû être la base
de la politique japonaise; c'est ce que,
dans un langage imagé, un diplomate japonais m'a exprimé, en comparant la Corée à
une lèvre qui défend la dentition japonaise
contre les dangers extérieurs : la suppression de cette lèvre aurait mis à nu la gen-
cive japonaise.

Lors du traité de 1876 que nous avons
mentionné, le Japon avait déjà affirmé nettement cette politique, en renonçant même,
pour la faire triompher, à sa prétention
séculaire de suzeraineté sur la Corée, et
déclarant celle-ci « État indépendant » au
même titre que ses voisins.

La conséquence de la politique japonaise
était donc : la nécessité d'empêcher toute
autre puissance de s'emparer directement
ou indirectement de la Corée. D'autre part,
les Chinois, qui comparent leurs États
tributaires à « des ressorts » les protégeant
des chocs extérieurs, avaient vu plusieurs
de ces ressorts leur échapper déjà. Ils
songeaient donc à changer de système;
pour éviter la perte définitive de leur suze-

raineté sur la Corée, par une conquête russe ou japonaise qu'ils pressentaient, ils voulaient y dominer plus directement qu'ils ne l'avaient fait jusqu'alors dans les autres États vassaux, et en Corée même.

L'accroissement de l'influence chinoise à la faveur des événements que nous avons rappelés, et l'envahissement lent et plus ou moins occulte qui s'ensuivait, étaient dans les plans de la politique chinoise; mais pareille tendance devait fatalement être tôt ou tard contrecarrée par le Japon, et cela pour un double motif.

D'abord, les Japonais n'admettaient point que la Corée devînt tout à fait chinoise. Puis, ils pouvaient d'autant moins l'admettre qu'il était à prévoir que, si la Corée devenait une véritable province chinoise, elle verrait son développement naissant complètement arrêté et, en conséquence, ne tarderait pas à être russe. Le voisinage immédiat de la Russie apparaissait légitimement à l'empire du Soleil levant comme un danger plus grand encore que celui de la Chine.

Or, ce danger était imminent.

Ce n'était un secret pour personne que les Russes désiraient posséder sur l'océan Pacifique un autre port que celui de Vladivostock, bloqué par les glaces pendant six mois de l'année; la Corée, leur voisine, était tout indiquée pour le leur fournir; ils devaient ainsi réaliser le plan poursuivi par eux avec tant de persévérance et de sagesse, d'obtenir vers la mer l'issue nécessaire qu'ils s'étaient vu fermer du côté des Indes.

Mieux préparés que d'autres, ils prévoyaient en même temps le fructueux trafic qu'ils pourraient établir, à travers la Sibérie, des produits de la Chine centrale.

Par des progrès calculés, d'une façon tout orientale, pour ne pas froisser les indigènes, et dont aucune autre puissance européenne n'eût été capable, la Russie augmentait insensiblement, depuis de longues années, son influence en Asie.

L'Angleterre avait, il est vrai, empêché la conquête russe de l'Inde, mais sa puissante rivale se dédommageait sur le reste

du continent en « sauvant toujours la face »,
et en avançant avec tant de lenteur que les
Anglais pouvaient à peine s'apercevoir de
leur recul dans le centre de l'Asie.

Les annexions opérées en 1858 par Mou-
ravieff et en 1860 par Ignatieff devaient
tôt ou tard se répéter aux dépens de l'empire chinois, dont les Russes seuls, en
Europe, soupçonnaient la faiblesse.

C'est par un système analogue, de lent
envahissement de la frontière coréenne,
que les Russes préparaient leurs voies. Le
gouvernement du Czar avait, depuis plusieurs années, attiré fort adroitement sur
le territoire sibérien, voisin de la frontière,
un certain nombre de Coréens, qui, évidemment, se trouvaient là beaucoup plus heureux que dans leur misérable pays. Les
populations étaient ainsi préparées à une
annexion prévue, dont l'Europe ne s'inquiétait guère, mais que les Japonais
étaient aptes à comprendre.

La construction du Transsibérien (¹)

(¹) Le tzarevitch Nicolas Alexandrovitch avait été chargé
par Alexandre III de poser le premier rail à Vladivostock,
en 1891, lors de son voyage en Extrême-Orient.

devait cependant, dans les plans de la Russie, toujours patiente, précéder toute action énergique. C'était une raison pour que le Japon désirât intervenir avant la terminaison de la ligne, dont l'existence aurait, plus tard, doublé pour lui la difficulté de l'entreprise. Il était à prévoir que les puissances européennes s'occuperaient alors plus activement de l'Extrême-Orient, et le Japon devait donc souhaiter de pouvoir agir avant ce moment.

D'autre part, l'histoire de l'Annam et d'autres États tributaires de la Chine démontrait aux Japonais que le gouvernement de Pékin serait, à un moment donné, aussi incapable qu'il l'avait été pour ces différents pays, de défendre la Corée contre une annexion ; l'envahissement chinois en Corée devait donc, comme inévitable conséquence, entraîner une double conquête de ce pays. Il était fatal, en effet, que, dans un délai rapproché, les Russes remplaceraient les Chinois, si ceux-ci y étaient implantés.

Il fallait, pour éviter pareil événement,

que la Corée se maintînt indépendante de toute domination quelconque, chinoise ou autre. Elle pouvait elle-même défendre sa propre indépendance contre des tiers, beaucoup mieux que la Chine ne pouvait le faire. Pour lui permettre d'y réussir, il fallait, à tout prix, réformer de fond en comble son administration, et doter ensuite le pays des moyens de défense les plus efficaces.

Les Japonais avaient adopté les progrès matériels de l'Europe dans un but de conservation personnelle; ils se considéraient donc comme les instructeurs nés des Coréens, pour les faire entrer dans la même voie, et cela dans l'intérêt même du Japon, pour permettre à ces Coréens de rester Coréens.

Après cette première étape, ils espéraient sans doute initier la Chine à ces mêmes progrès, qui leur permettraient ensemble de rester maîtres de l'Extrême-Orient, en opposant à l'envahissement des Européens une résistance efficace.

Il est évident que les Japonais, ayant tiré de la Chine des éléments importants de leur civilisation, sont plus aptes qu'aucun peuple occidental à être les éducateurs du Céleste-Empire.

L'immixtion du Japon dans les affaires coréennes, prévue du reste par le traité de Tien-Tsin, s'explique donc d'elle-même. Elle résulte de la connaissance toute spéciale que les Japonais avaient nécessairement de l'empire chinois Lors de la révolte des Tong-Hac-Ou-To survenue dans le sud en 1894, le gouvernement de Pékin envoya, sur la demande du Tay-Ouen-Koun, des troupes chargées d'aider le malheureux roi de Corée au rétablissement de l'ordre.

Le gouvernement japonais ne fut informé par les Chinois de cette mesure. qu'après son accomplissement.

Considérant cet avertissement postérieur comme une infraction au traité de Tien-Tsin, il envoya à son tour des troupes en Corée et, les débarquant à l'ouest de la péninsule le 12 juin 1894, eut soin de les faire parvenir immédiatement à Séoul; elles devenaient ainsi maîtresses du gouvernement et du roi. Si même on admet que les Chinois n'aient point contrevenu au traité de Tien-Tsin, il est certain que celui-ci donnait aux Japonais le droit de les suivre immédiatement en Corée.

Le gouvernement japonais proposa l'amélioration de l'état intérieur de la péninsule par les efforts combinés de la Chine et du Japon, mis sur le même rang conformément au traité de 1885. L'ordre devait ainsi être assuré.

Cette proposition était contraire à la suzeraineté chinoise, que le gouvernement de Pékin s'efforçait de rattraper après y avoir renoncé; elle fut rejetée.

C'est alors que nous voyons un nouvel envoi de troupes chinoises être considéré par le Japon comme un *casus belli*, et les soldats chinois du vapeur *Kowshing* empêcher leurs officiers européens de se rendre aux croiseurs japonais.

Le bombardement du *Kowshing*, devenu presque inévitable, amène la guerre avant toute déclaration. Dès lors, les événements se précipitent avec une rapidité foudroyante. Les choses étaient déjà fort avancées lorsque les puissances occidentales, qui, contrairement à leurs propres habitudes, s'étaient attendues à une déclaration de guerre, devisaient encore sur les faits probables; l'irréparable était survenu quand elles s'en rendirent compte ([1]).

Le but évident des Japonais avait été d'agir vite et fort, avant que les Européens pussent s'immiscer dans leurs affaires. Ils se rendaient bien compte du rôle que les puissances d'Occident s'efforceraient de jouer et dont l'ignorance seule les tenait éloignées; dès lors, le Japon devait maintenir le plus grand secret possible au sujet des mouvements de ses troupes. Pareille tactique était, du reste, aussi avantageuse à l'égard des ennemis qu'à l'égard des tiers. Aussi une nouvelle n'était-elle jamais divulguée qu'après qu'elle fût absolument

---

([1]) Je ne veux point m'écarter de mon sujet en parlant des faits de guerre si intéressants au point de vue militaire, tels que, par exemple, la bataille du Yalu (17 septembre 1894), qui fut sans doute la première expérience au monde des grands cuirassés modernes.

confirmée et qu'il fût impossible de contrecarrer l'événement survenu. Les mesures les plus sévères furent prises pour empêcher la divulgation des plans de l'état-major japonais; il arriva qu'une armée entière quitta l'île de Nippon sans que rien en eût transpiré ([1]).

([1]) Pendant les deux ou trois mois que j'ai passés au Japon au moment de la guerre, on ne pouvait guère s'apercevoir des graves circonstances que traversait le pays. Un des exemples les plus frappants du soin extraordinaire avec lequel l'ordre était maintenu, fut la marche régulière des trains de la ligne de Yokohama à Tokio, si fréquentée par les étrangers. Je ne me souviens d'avoir subi qu'un seul retard d'une bonne demi-heure; et cependant c'est par cette ligne que devaient partir toutes les troupes envoyées sur le continent. Les transports des troupes et leur embarquement se faisaient la nuit; des armées entières pouvaient ainsi passer à Yokohama et Kobé sans que personne s'en aperçût; par conséquent, les journaux anglais publiés dans ces villes étaient mis dans l'impossibilité de faire des divulgations qui eussent compromis les plans de l'état-major et qui, en attirant l'attention des gouvernements d'Europe, eussent amené une fâcheuse intervention.

Les journalistes indigènes qui en auraient su trop long ou pouvaient paraître dangereux étaient parfois doucement mis à l'ombre jusqu'au moment où leurs divulgations ne pouvaient plus rien avoir de dangereux; les journaux récalcitrants étaient suspendus.

Malgré le côté un peu arbitraire de pareilles mesures,

D'autre part, il fallait porter aux Chinois un coup décisif. Mieux que les Européens, les Japonais savaient que jamais l'Empire du Milieu ne se reconnaît battu qu'à toute extrémité.

Ils savaient aussi que, pour que des négociations de paix fussent sérieuses, il fallait qu'elles fussent imposées à la Chine par un désastre indéniable (¹).

il est évident qu'elles ont le très sérieux avantage d'empêcher la presse de nuire au pays, comme le firent certains journaux français en 1870, par leurs renseignements erronés et intempestifs.

(¹) Une calamité matérielle très grave pouvait seule impressionner le gouvernement d'un peuple chez lequel le patriotisme, tel que nous l'entendons, n'existe point. Cette différence entre les idées des Chinois et les nôtres ne provient guère, comme nous pourrions le croire, du manque d'unité de cette énorme population qui, rien que dans les dix-huit provinces formant le cœur de la Chine, contient bien des éléments divers ; leur vie commune séculaire a créé, en effet, bien des rapprochements et nivelé bien des divergences. Cette différence entre leurs tendances et les nôtres est plus profonde et plus traditionnelle. Leur seul souci est la conservation de leurs coutumes, la continuation de leur travail quotidien ; tout leur orgueil national semble consister à sauver les apparences le mieux possible, quelle que soit la réalité ; c'est là, du reste, le grand défaut de toute l'administration chinoise. Cela n'empêche l'existence d'exceptions, et même d'une jeune école d'idées

La menace seule de la prise de Pékin pouvait abattre le colosse. Mais cette menace suffisait.

Les Japonais ne se souciaient nullement de devenir maîtres de la capitale. Connaissant l'histoire du pays et les côtés faibles de la dynastie mandchoue, actuellement régnante, ils craignaient qu'une invasion de

différentes, à laquelle semblait appartenir un jeune secrétaire qui accompagnait en Europe l'ambassadeur chargé de féliciter le czar Nicolas II de son avènement. J'eus avec lui quelques entretiens des plus intéressants. Joignez à cela le plus grand mépris pour le métier de soldat, qu'ils comparent à celui d'un portefaix, et aussi la conviction inébranlable de leur supériorité, et vous comprendrez que les Chinois n'aient jamais eu l'ombre d'un élan patriotique en 1894-1895. Cette conception du métier des armes se retrouve chez les différents peuples qui ont subi l'influence chinoise. Au Siam, par exemple, les juristes et les diplomates jouissent d'une considération bien supérieure à celle des militaires; seuls les marins, qui représentent une chose jadis inconnue dans le pays, peuvent se vanter d'être beaucoup mieux vus que leurs camarades de l'armée de terre. Un entretien que j'eus à bord d'un navire qui me conduisait de Hong-Kong à Haïphong, avec un négociant du sud de la Chine, à la fin de décembre 1894, me mit bien vite au courant de l'état d'esprit de ses congénères. Ce brave homme avait lu dans un journal de son pays que les Japonais venaient d'être chassés de Port-Arthur et que l'on en avait tué 15,000. Il me fut impossible de lui faire admettre le

Pékin n'amenât une chute du gouvernement. Ils se seraient trouvés alors en présence d'un État désorganisé, dépourvu de mandataires avec qui ils pussent traiter.

Malgré son désir d'aider au développement de la Chine, c'eût été une tâche trop forte pour le Japon que de se trouver obligé

contraire, pas plus que de lui faire comprendre qu'une victoire des « Wo-Yen » pût être sérieuse et définitive. Comme je lui demandais s'il ne songeait pas à aller se battre pour le bien de sa patrie, il s'indigna en me disant qu'il n'en était pas réduit à ce métier de va-nu-pieds. Il était profondément convaincu de la vérité de ce dicton national qui dit : « Pas plus qu'on n'emploie du bon fer à faire des clous, on ne prend des honnêtes gens pour faire des soldats. » Et cependant il était certain que le « Fils du Ciel » serait victorieux « dès qu'il le voudrait ». Il n'est pas surprenant que des soldats qui ne se battent que pour une solde achetée par un travail aussi méprisé ne songent qu'aux moyens de toucher cette solde, et avant tout, par conséquent, de rester sains et saufs, en fuyant si l'action devient trop chaude, comme beaucoup le firent dans cette guerre.

En même temps, l'absence de communications, et cette parfaite indifférence du travailleur chinois, pourvu qu'il puisse exercer régulièrement sa profession, permettent au gouvernement de colorer la vérité comme bon lui semble et même de la faire complètement ignorer dans bien des points de l'empire.

de prendre lui-même en mains le gouvernement du céleste empire. Et c'est pour cela qu'il ne se souciait guère de supprimer, par une révolte qu'il aurait indirectement provoquée, un gouvernement qu'il considérait comme « une soupape de sûreté aux passions populaires des ennemis de la dynastie ».

Tel est, je pense, le double mobile de l'action si énergique et si rapide des troupes japonaises, en même temps que la raison pour laquelle elles ne se sont pas dirigées sur Pékin même; cette tactique, qui a été critiquée au point de vue militaire, semble s'expliquer par une raison politique.

La guerre, prévue depuis longtemps au Japon, avait toujours été retardée par le gouvernement, notamment en 1876, au prix de la répression de la révolte de Kagoshima.

Il n'est que juste de dire un mot des motifs de politique intérieure qui ont pu, en 1894, hâter son éclosion.

Depuis le début de l'ère nouvelle, les gouvernants japonais s'étaient efforcés de doter leur pays de toutes les institutions du droit public européen. Poussés par une partie de l'opinion publique, ils donnèrent au Japon une constitution et un gouvernement parlementaire. Bien que la constitution japonaise, promulguée le 11 février 1889, soit inspirée de la constitution prussienne et sauvegarde donc, plus que d'autres, les principes d'autorité, peut-être fut-elle encore faite un peu tôt; le pays, habitué à un système essentiellement autoritaire, éprouva assez vite certains inconvénients du régime nouveau ([1]).

Les couches nouvelles de la société japonaise, appelées à prendre part aux affaires publiques, montrèrent bientôt un insatiable appétit et ne purent admettre que les auteurs de la révolution de 1867, originaires

___

([1]) Le pays trouve cependant une sécurité spéciale dans le profond loyalisme qui fait que l'autorité impériale reste au-dessus de toute discussion.

L'idée d'un renversement de la dynastie, religieusement respectée, n'existe chez personne. Toutes les agitations politiques laissent donc subsister la stabilité du régime, qui a pour lui le prestige d'un glorieux passé plus long que celui d'aucun autre pays au monde.

des provinces de Satsuma et de Tchochu, eussent seuls, avec leurs protégés, tout à dire dans l'État et disposassent de tous les emplois (¹). L'opposition devint donc des plus violentes, et les mesures du gouvernement furent bien des fois contrecarrées.

Les ministres avaient peine à faire comprendre aux Chambres les difficultés d'exécution qu'ils rencontraient, notamment au point de vue de la revision des traités avec les puissances occidentales. Cette revision ne pouvait être que le résultat de longues et laborieuses négociations, qui impatientaient certains patriotes, chaque retard devenant pour eux une nouvelle cause de dépit.

Une guerre heureuse ne pouvait qu'impressionner favorablement l'Europe et hâter la conclusion des différents traités, à la suite de celui auquel l'Angleterre avait consenti le 16 juillet 1894 (²).

(¹) Depuis la guerre, la politique intérieure du Japon semble avoir commencé sous ce rapport une certaine évolution.

(²) Un article paru dans le *Nippon*, le 7 septembre 1894, faisait ressortir l'adresse avec laquelle les Anglais avaient,

L'indéniable prestige de la force (¹) devait affirmer l'existence du Japon, en le mettant sur un pied d'égalité avec les puissances occidentales qui, désormais, devaient compter avec lui ; cet effet moral forcerait les Européens à accorder sans délai à l'amour-propre national des Japonais la satisfaction légitime qu'il réclamait (²).

Une guerre devait aussi nécessairement

les premiers, admis la revision des traités. L'article était intitulé : « Les gâteaux peints », cette expression désignant, dans le langage populaire, un objet qu'on peut regarder sans pouvoir en manger. Ce traité ne devait, en effet, alors produire ses effets que cinq ans après sa signature et devait, pour devenir utile, être suivi d'autres traités semblables conclus avec les autres puissances.

(¹) Ce prestige de la force fut, du reste, prouvé aux Japonais par des faits ; telle est la patience avec laquelle les Anglais laissèrent arrêter le navire *le Gaelic*, qui, en automne 1894, se trouvait maintenu dans le port de Yokohama entre deux torpilleurs pour cause de contrebande de guerre. Il est douteux qu'avant les victoires remportées en Corée, les Japonais eussent rencontré pareille tolérance.

(²) Les articles élogieux parus dans les journaux anglais vers la fin de la guerre étaient naturellement appréciés à Tokio pour ce qu'ils valaient ; mais, malgré cela, il est évident que les Japonais ne pouvaient que s'enorgueillir du changement d'appréciation à leur sujet, que la victoire avait imposé.

entraîner l'accalmie des dissentiments intérieurs et l'union de tous les Japonais dans un élan patriotique, dont la conséquence serait un nouveau pas en avant.

Ce sont là des motifs pour lesquels le gouvernement pouvait difficilement se refuser à faire la guerre lors d'une occasion favorable. Aussi se laissa-t-il entraîner par les événements, plutôt qu'il ne les créa, en 1894. J'ai même entendu faire des reproches au ministère Ito de ce qu'il n'eût pas désiré cette guerre approuvée par le sentiment populaire, et de ce qu'il ait dû se laisser forcer la main par les circonstances.

IV

L'INTERVENTION EUROPÉENNE.

Il n'entre pas dans le cadre de ce travail d'examiner les faits de la guerre, ni le traité de Shimonoseki, dans leurs détails. Mais je me permets de dire un mot, au point de vue des belligérants, de la pression européenne qui empêcha les Japonais de retirer de la guerre tout ce qu'à un moment donné ils pouvaient légitimement en attendre. Cette pression européenne était naturellement dans les désirs de la politique chinoise.

Le peuple céleste, essentiellement antimilitaire et convaincu de sa force et de sa supériorité, attendait que le Ciel le délivrât des nains qu'il méprisait.

Il n'envisageait même pas la possibilité d'un démembrement de son colossal empire par les « petits Japonais »; aussi ne faisait-il aucun effort pour résister sérieusement.

A Pékin, la vie ordinaire restait, dans les sphères gouvernementales, ce qu'elle avait été auparavant.

Les intrigues et les rivalités des mandarins avaient entraîné, en septembre 1894, la disgrâce du comte Li (Li-Hung-Chang), que bientôt on dut réintégrer dans ses dignités en le reconnaissant comme étant le seul homme capable d'entamer les négociations de paix. Les nominations les moins judicieuses et les plus contradictoires étaient faites par un gouvernement aux abois, désireux de renforcer subitement ses troupes dans l'espoir d'une victoire facile ; pendant les années précédentes, alors que l'on aurait peut-être pu obtenir un résultat, Li-Hung-Chang n'avait rencontré aucun soutien dans ses efforts en vue du développement de l'armée du Petchili et de la marine. La persistance des vieux errements n'est, du reste, que trop démontrée par certains édits de la *Gazette officielle de Pékin*, reflétant les menus événements de la Cour.

L'impératrice veuve, qui jadis avait été régente, conservait dans toutes les décisions gouvernementales une influence prépondérante ; son caractère la montre prête à employer tous les moyens propres à empêcher la diminution de son pouvoir et le changement trop brusque de l'état de choses existant. Vers la fin de l'année 1894, elle fit destituer et condamner aux travaux forcés un censeur qui s'était permis de critiquer son ingérence dans les affaires publiques. Peu de temps auparavant, elle avait fait infliger une peine disciplinaire à deux hautes dames de la Cour dont, probablement, elle craignait l'influence. L'édit impérial du 26 novembre 1894 (rapporté par M. de Brandt dans l'un de ses ouvrages si intéressants) montre, mieux que toute dissertation, quelles étaient, à ce moment critique de l'histoire de la Chine, les préoccupations du souverain ; dans tout autre pays, il eût sans doute été moins convaincu de sa supériorité transcendante et eût consacré tous ses efforts à combattre ses adversaires, en se souvenant du principe : « Aide-toi et le Ciel t'aidera » ([1]).

[1] « Nous, Empereur, avons reçu les ordres de l'Impé-
« ratrice veuve, et promulguons maintenant l'édit suivant.
« Depuis sa fondation, notre dynastie a toujours mis le
« plus grand soin à ce qu'un ordre sévère fût observé
« dans le Palais. Les différents membres du harem impé-
« rial ont surtout fait l'objet d'une surveillance spéciale,
« et il n'a jamais été permis à aucun d'eux de se mêler
« des affaires de l'État ou du gouvernement. Sa Majesté
« l'Impératrice veuve trouve que les concubines impériales
« Ching-fei et Chen-fei, profitant de leur présence auprès
« de l'Empereur, ont essayé de faire prédominer dans les
« affaires du gouvernement leur influence sur Nous, et
« ont ainsi à plusieurs reprises imploré des faveurs pour
« leurs parents et amis. Pareille conduite aurait incon-

L'activité des gouvernants était absorbée par de puériles dissensions de Cour et par le souci de préparer une digne célébration du 60° anniversaire de l'impératrice veuve.

A un moment donné on avait songé à quitter la capitale, que la défaite, jointe à des événements tels qu'un incendie et la destruction de certains monuments, faisait considérer comme privée désormais de la protection céleste. La sécurité semblait, du reste, commander cette mesure de retraite vers la grande muraille.

Les Anglais, qui voyaient là une occasion de dominer plus sûrement le gouvernement chinois, désiraient son transport dans la vallée du Yang-tse-Kiang, et encou-

« testablement des suites dangereuses, si elle ne faisait
« l'objet de notre attention. Ching-fei et Chen-fei se sont
« vues élevées récemment au rang de concubines impé-
« riales de troisième classe, à cause de la bonne conduite
« qu'elles ont tenue en général ; malgré cela, il est néces-
« saire qu'une punition leur soit infligée, pour éviter que
« d'autres ne suivent leur mauvais exemple. Nous ordon-
« nons en conséquence que les deux concubines en ques-
« tion soient dégradées de deux rangs ; ce sera une légère
« punition qui servira d'avertissement pour les autres
« membres du harem ».

ragèrent l'empereur dans cette voie, que cependant le respect des traditions fît bientôt abandonner. L'empereur déclara, du reste, qu'il ne pouvait changer les habitudes de l'impératrice veuve « par un déplacement aussi pénible, alors que depuis vingt ans il ne songeait qu'à lui rendre la vie agréable ».

C'est donc sur l'intervention des Européens que l'on comptait; c'est elle que l'on exigeait pour ainsi dire à Pékin. Certains organes chinois déclaraient nettement que, puisqu'on permet aux Occidentaux d'établir des églises dans certaines villes de Chine, c'est bien le moins qu'ils rendent des services en retour de cette tolérance; « celle-ci ne devrait être maintenue que s'ils chassaient les Japonais » (¹).

(¹) Des tendances de ce genre sont toujours favorisées par les mandarins, pour lesquels un changement de l'organisation actuelle de l'empire signifie la perte de leur situation et de leurs privilèges, en même temps que des abus auxquels ils peuvent se livrer impunément en « sauvant la face ». Ce sont ces mouvements d'opinions qui, peu à peu, peuvent entraîner des mouvements xénophobes. Les missionnaires connaissent la haine dont ils sont l'objet comme représentants d'une civilisation occidentale : ils

Lors donc que fut posée la question de la ratification des conditions de paix dictées par le Japon à Shimonoseki, un mouvement sérieux se produisit contre leur acceptation. Un groupe important de lettrés supplia l'empereur de faire traîner la guerre en longueur par un refus formel; on pourrait, disaient-ils, profiter du temps ainsi gagné pour introduire dans l'armée et l'administration de nombreuses réformes qui amèneraient peut-être un changement favorable dans le sort des armes.

Pareille tactique aurait, du reste, favo-

savent qu'ils ne doivent une sécurité précaire qu'à la crainte éprouvée par le mandarin d'être puni par le gouvernement, si, à la suite de quelque attentat, celui-ci était admonesté pas une puissance européenne; ils savent donc que lorsque le mandarin n'a rien à craindre, il est tenté de favoriser les mouvements populaires qui leur sont hostiles. La sécurité des missionnaires n'est donc que le résultat de la crainte « superposée », si je puis dire, du gouvernement et des mandarins.

On sait, du reste, quel usage les puissances européennes ont su faire, dans un but d'intérêt personnel, de la mort de leurs missionnaires; l'intérêt explique leur attitude à nos yeux, mais ne peut évidemment leur attirer que le mépris des Chinois, qui, à juste titre, les considèrent comme des barbares à la force desquels ils doivent céder.

risé la politique dont nous venons de parler
et à laquelle on avait quelque droit de
s'attendre de la part de la Chine. On peut
penser que celle-ci ne demandait qu'à provoquer sous main une intervention européenne qui lui fît reconquérir par les
efforts d'autrui ce qu'elle-même avait laissé
échapper. L'histoire constante du céleste
empire nous fait croire que son gouvernement espérait bien que les puissances
occidentales, dont on connaissait les intérêts en Chine, ne laisseraient pas prendre
Pékin par les Japonais. En renonçant donc
à l'idée de quitter la capitale et en refusant
de ratifier la paix de Shimonoseki, il pouvait, en les exaspérant, amener les Japonais à marcher sur Pékin et, de la sorte,
parvenir sans doute à leur opposer les
forces des Européens et à changer la face
des choses. A ces considérations très judicieuses devait s'ajouter inversement l'idée
de ne point encourager, par les trop grands
avantages du traité de paix, d'autres « barbares » à imiter les Japonais.

L'intérêt de la Chine était donc, à tous

points de vue, de faire traîner les choses le plus longtemps possible ; que, pour les mêmes motifs, leurs adversaires, conscients aussi de la possibilité d'une immixtion étrangère, ne songeaient, au contraire, qu'à hâter autant qu'il était en leur pouvoir la conclusion d'une paix avantageuse.

C'est dans ce but que, évitant toute divulgation qui eût fait échouer leurs projets pendant les négociations de paix, les Japonais ne donnèrent jamais aux plénipotentiaires chinois que des délais extrèmement courts pour la transmission de leurs réponses.

Mais la Russie, qui depuis longtemps se préparait à atteindre l'océan Pacifique, comptait sur l'avenir et aurait été heureuse d'attendre, pour intervenir, la fin de la construction du chemin de fer qu'elle construisait en Sibérie. N'étant pas prête, elle ne se souciait pas d'affronter d'ores et déjà une guerre contre le vainqueur. La principale intéressée restant inactive, les puissances occidentales, inspirées du reste par une rivalité réciproque, ne prirent aucune initiative avant la signature du traité de paix; aucun mandarin n'osant assumer la responsabilité de la continuation de la lutte, la Chine se vit donc acculée à la signature du traité. Devant ce fait accompli de la signature, tout retard devenait fatal pour la Russie. Aussi, aiguillonnée par la nécessité, celle-ci s'assura-t-elle l'appui de deux autres puissances pour éviter que son rêve, patiemment poursuivi pendant tant d'années, ne s'évanouît tout à coup. L'adresse bien connue de Li-Hung-Chang rend très vraisemblable la supposition qu'en acceptant la paix de Shimonoseki avec toutes ses conditions assez dures, il avait aperçu dans ce traité le moyen décisif de provoquer cette intervention européenne qu'il devait souhaiter depuis si longtemps. Il connaissait assez les Russes pour pressentir qu'en présence des cessions de territoires qui devaient rendre le Japon l'arbitre presque absolu de tout l'Orient asiatique, ils s'émouvraient enfin.

Les Anglais, modifiant la tactique qu'ils
avaient adoptée au début de la guerre,
cherchèrent, au moment de l'intervention
russo-franco-allemande, à s'attirer les
bonnes grâces du vainqueur en s'abste-
nant de toute ingérence ([1]).

La désillusion fut grande pour le gouvernement japonais et surtout pour la
nation.

Mais le gouvernement eut l'adresse de
se soumettre à temps à cette intervention,
et l'adresse plus grande encore de la faire
accepter au peuple. Nous n'avons pas le
droit d'être surpris du mécontentement
que les Japonais ont naturellement éprouvé
d'une semblable immixtion. Comme le disait

([1]) Si, à ce moment, l'Angleterre désirait peut-être aussi
que le Japon ne devînt pas trop puissant, elle pouvait se
dire que ce résultat serait atteint par l'action des autres
sans qu'elle encourût elle-même de responsabilité. Son
véritable jeu d'hostilité aux empiètements de la Russie
eût peut-être été d'aller plus loin que l'abstention et de soutenir le Japon. Mais elle évita aussi cette responsabilité.
Elle pouvait ainsi garder l'espoir, du reste parfaitement
légitime, de retirer des circonstances dont elle restait spec-
tatrice quelque profit personnel. La vallée du Yang-Tse-
Kiang était pleine d'attraits !

le *Japan Mail* du 15 octobre 1894, il serait injuste d'exiger des Japonais, sous prétexte d'honnêteté politique, des choses qu'aucune nation européenne ne ferait (¹).

Après bien des péripéties et quelques fautes commises en Corée par certains fonctionnaires japonais, le résultat final, établi par la convention russo-japonaise de 1898, est, en somme, un succès pour le Japon, malgré sa défaite diplomatique de 1895.

Sans parler de la prise de possession de la Mandchourie sous prétexte de surveillance de la nouvelle ligne de chemin de fer, il y aura désormais, en Corée, une sorte de *condominium* russo-japonais.

La Russie y a sans doute une influence

(¹) En ce qui concerne la revision des traités, rappelons à ce propos que le premier soin de l'Angleterre, lorsqu'elle s'établit à Chypre, et de l'Autriche-Hongrie quand elle prit possession des principautés de Bosnie et d'Herzégovine, comme de la France en Tunisie, fut d'y abolir les capitulations, afin d'être maîtresse dans ces pays où, en droit strict, elles ne sont cependant même pas tout à fait chez elles. La prétention semblable qu'eut le Japon, chez lui, n'a donc rien que de parfaitement normal.

prépondérante, mais pour la sécurité du Japon, cette influence est contrebalancée par le voisinage des autres puissances européennes.

La Corée n'est donc pas chinoise, elle n'est pas non plus russe ; et les Japonais y conservent une influence dominante.

L'occupation de Port-Arthur et du Liao-Tong, qu'assurément ils auraient préféré garder eux-mêmes, est bien moins dangereuse pour l'empire du Soleil levant que celle de la presqu'île coréenne. Elle l'est d'autant moins que cette guerre, en précipitant les événements, a amené en Extrême-Orient toutes les puissances de l'Europe, et a ainsi contrebalancé leurs influences. Elle consacre donc le système des Japonais qui, comme d'autres du reste, ont depuis bien des années cherché à assurer leurs progrès et leur sécurité par la rivalité de leurs adversaires. La cession de Wei-Hai-Wei aux Anglais, loin d'être une défaite japonaise, apparaît comme le résultat d'un coup d'adresse fait pour satisfaire à la fois les Anglais et les Japonais ; ceux-ci voient installée à Wei-Hai-Wei une puissance qui, en contrebalançant l'influence russe à Port-Arthur, fait les affaires des Japonais tout en faisant les siennes propres, et met en sécurité l'empire du Soleil levant. Bien qu'il se soit vu priver d'une grande partie des fruits de la victoire que d'autres ont voulu partager, je ne crois pas qu'il soit téméraire de dire que la guerre de 1894-1895 a eu pour le Japon le résultat principal qu'il pouvait désirer.

Elle l'a placé, aux yeux des puissances européennes, sur un pied d'égalité militaire qui les force à compter avec lui. Sans cette guerre, à laquelle l'adoption des inventions européennes a servi de préparation, la Russie, débarrassée de toute rivalité européenne, aurait tôt ou tard absorbé seule la Corée; l'empire du Soleil levant serait sans doute devenu, à son tour, la proie de conquérants occidentaux, et se serait vu arracher l'avenir auquel un passé d'indépendance et de puissance lui donnait plein droit. Continuant l'œuvre commencée lors de l'ouverture de la Corée, le Japon, par cette guerre, démontra au monde surpris la faiblesse de l'empire chinois. Au point de vue du Japon lui-même, le résultat de la guerre semble être qu'il se soit mis définitivement à l'abri de la convoitise européenne; le succès devint ainsi pour lui une sorte de sauvetage préventif qui, poussé à ce point, n'était peut-être pas le but immédiat de la guerre, mais peut être considéré comme un de ses grands résultats historiques. C'est le triomphe de l'idée de conservation personnelle qui a inspiré toute la politique japonaise de Meidji et qui fait de cette période une des plus grandes qu'un pays aît pu traverser. En même temps, le Japon ouvrit à l'Europe un vaste champ d'activité et de richesses qu'elle soupçonnait à peine ou qui lui paraissait hors d'atteinte.

Malgré l'avidité des nations européennes, qui déjà ont commencé à se partager cette proie qu'elles ne doivent qu'aux victoires des Japonais, ceux-ci auront certainement encore un rôle important à jouer dans la mise en valeur de la Chine, qu'ils connaissent mieux que personne.

Leur patriotisme semble devoir leur faire surmonter les difficultés intérieures qui sont le résultat d'une transformation si brusque et d'un outillage si rapidement obtenu par leurs propres ressources. Bien qu'ils n'aient pu empêcher l'immixtion des Occidentaux dans les questions extrêmes-orientales, leur rêve d'avoir voix au chapitre pour leur solution et d'être une puissance dont l'alliance puisse sembler précieuse ne sera donc pas une chimère.

(Extrait de la *Revue d'histoire diplomatique*, Paris, 1900, n° I.)

L'EXPÉDITION INTERNATIONALE

DE 1900.

L'Europe s'est vue brusquement réveil-
lée en Extrême-Orient d'une quiétude exagérée dans laquelle elle se complaisait
depuis cinq ans.

La principale activité qu'elle eût dé-
ployée consistait, en effet, à profiter dans
la mesure la plus grande possible de
l'œuvre créée par le Japon.

Après que quelques puissances européennes eurent, par une intimidation peut-
être justifiable, mais certainement égoïste,
amené le Japon à renoncer à une grande
partie des fruits de sa victoire, toutes se
ruèrent à l'envi sur quelque coin de l'im-

mense contrée dont l'ouverture était due à ses efforts. Ceux mêmes qui, dans le désir de monopoliser en leur faveur les sympathies de l'empire du Soleil levant, s'étaient tenus à l'écart de l'action commune de l'Europe après la paix de Shimonoseki, ne se sont pas fait faute d'obtenir, eux aussi, un point important dans le golfe du Petchi-li.

Les Allemands surtout eurent le talent d'exploiter un incident d'une importance relativement minime pour prendre pied sans coup férir dans une immense presqu'île admirablement située.

C'est qu'en effet, toutes les puissances étaient pleines de hardiesse depuis que la guerre de 1894-1895 leur avait appris la faiblesse militaire du céleste empire, dont les Japonais étaient auparavant seuls à se douter.

Les Européens se sont dès lors imaginé qu'il suffisait, pour devenir les maîtres de la Chine et en tirer d'immenses richesses, d'avoir dans les ports ouverts une escadre relativement peu importante et de faire accompagner leurs diplomates de quelques marins qui formassent une sorte de garde de parade. Connaissant à peine le peuple chinois et songeant surtout, par ordre de leurs gouvernements, à se défier les uns des autres et à s'observer réciproquement, les représentants des puissances étaient dans l'impossibilité absolue d'accomplir la lourde tâche d'une initiation de la Chine à la civilisation occidentale. C'est précisément cette tâche que, depuis de longues années, le Japon songeait à assumer en prenant, vis-à-vis de la Chine, un rôle analogue à celui que l'Amérique avait joué envers lui au milieu de ce siècle, avant l'ouverture de l'ère de Meidji.

La paix avantageuse qu'il avait obtenue par ses victoires, dues surtout à une admirable prévoyance et à une organisation modèle, lui était apparue comme la réalisation de son rêve d'éducateur de la Chine.

Redevables eux-mêmes à la culture chinoise d'une grande partie de leur propre civilisation, les Japonais se sont trouvés, à travers les âges, en contact continuel avec leur puissante voisine continentale, dont, mieux que personne, ils connaissent l'histoire. Aussi étaient-ils seuls à même de comprendre les besoins et les tendances des peuples si divers qui habitent l'immense territoire de l'agglomération chinoise; seuls aussi, par conséquent, ils pouvaient profiter de leurs désirs et de leur activité pour les convertir à l'adoption des progrès matériels de l'Occident, auxquels l'intense civilisation nationale pouvait du reste les préparer. Les Japonais, s'étant d'ailleurs eux-mêmes, pendant deux siècles, profondément méfiés de l'étranger, auraient pu, forts de leur expérience personnelle, amener cette évolution en évitant bien des froissements et des heurts que l'Européen produit sans cesse. Forcément moins suspects que nous ne le sommes aux yeux des Chinois, par suite de certaines affinités, de leur voisinage et de relations séculaires, ils auraient, moins facilement que les Européens, provoqué ces mouvements d'une haine contre l'étranger qui paraît être un lien unissant les divers peuples de l'immense empire. Cette haine de l'étranger, fort différente d'un sentiment de patriotisme comme celui que nous éprouvons (¹), semble tenir à la fois de la crainte et du mépris. Ces sentiments 's'expliquent d'ailleurs jusqu'à un certain point.

La crainte n'est que trop justifiée quand les Chinois songent aux avantages plus que médiocres qu'ils ont retirés de leurs relations avec l'Européen, depuis que l'ère de ces relations fut ouverte par la fameuse guerre de l'opium ; la perte de la plupart de leurs États tampons, passés en d'autres mains, n'est pas faite pour leur donner confiance. Le mépris des étrangers n'est pas moins plausible de la part d'une nation qui, pendant de longs siècles, s'est vue

(¹) Il ne faut, en effet, jamais perdre de vue que, s'il y a forcément chez le Chinois un certain sentiment de nationalité ou d'affinité avec ses congénères, son patriotisme consiste presque uniquement dans le désir légitime de maintenir ses traditions, et exclut généralement toute idée de sacrifice à une conception idéale. La gloire et les aspirations guerrières ne jouissent, du reste, aux yeux du « Céleste », d'aucun prestige.

entourée de peuples vassaux qui lui devaient tout et la considéraient naturellement comme le centre du monde et l'origine de toute civilisation (¹). Cette haine de l'étranger semble être la base du mouvement de ces « Boxeurs » autour desquels se sont sans doute groupés, comme il arrive toujours en pareil cas, tous les éléments de désordre du pays. Vulgaires brigands et sociétés secrètes hostiles à la dynastie régnante, ils ne pouvaient laisser perdre une aussi belle occasion de pêcher en eau trouble.

On aurait tort, je pense, d'adopter le point de vue de certains journaux européens qui, dans le désir de convertir les événements de Chine en une arme de politique intérieure, attribuent le mouvement des « Boxeurs » à une croisade religieuse des bouddhistes contre les chrétiens.

Les Chinois, disciples de Confucius ou

(¹) Rien ne paraît aussi logique et, par conséquent, aussi légitime de la part du Chinois ; son sentiment, sous ce rapport, est semblable à celui du Romain lorsque celui-ci rappelait sa qualité de *Civis Romanus*.

de Mahomet, détestent également les étrangers et tout ce qui vient d'eux comme tout ce qui s'affilie à eux. Dans un mouvement comme celui qui provoque si justement l'angoisse de l'Europe, ils massacreraient donc tout Européen quel qu'il soit, missionnaire ou non, non pas parce que catholique ou protestant, mais parce qu'étranger. Il n'y a là rien de semblable aux inspirations de la foi chez les Arabes, peuple guerrier et idéaliste.

Aussi est-il probable que, de même que cela se passa au Japon au xvie, et en Chine même au xviie siècle, les missionnaires, dont l'esprit est tout de persuasion conciliante, auraient joui bien longtemps d'une tranquillité relative en Chine, s'ils n'avaient été suivis des commerçants et surtout des soldats de leur nationalité, parce que ces derniers représentaient la conquête dont les négociants avaient été les avant-coureurs. Ils sont donc les victimes de la politique européenne presque autant que de la fureur chinoise.

Aux yeux des indigènes, les Chinois qui

sont en rapports constants avec les étrangers ou à leur service sont inféodés à eux
et deviennent suspects. Ce sont des auxi-
liaires de l'étranger et, par conséquent, des
traîtres, dangereux pour la cause chinoise;
toute idée de pur patriotisme étant du reste
mise à part, la suppression de ces affiliés
de l'étranger s'impose pour réussir à expul-
ser les Européens. C'est ainsi que, d'après
le *Daily Mail*, les Chinois auraient décapité
tous les messagers indígènes que les Européens de Pékin avaient envoyés au dehors
pour donner de leurs nouvelles.

Lorsque des Chinois se sont convertis au
christianisme, la preuve est faite de leur
affiliation à l'étranger, et alors leur perte
est jurée, non pas parce qu'ils ont adopté
telle ou telle religion, mais parce qu'ils
sont inféodés aux étrangers. Le même phé-
nomène s'est, du reste, passé en Cochinchine lors de certains soulèvements trop
connus. Et ces étrangers, croyez-le, sont
tous mis sur le même pied sans que le
peuple chinois distingue entre leurs nationalités différentes. Les directeurs de la

politique chinoise seuls, en habiles diplomates qu'ils sont, distinguent les Anglais des Russes ou des Français pour profiter habilement de leurs rivalités, en provoquant le plus souvent possible des malentendus et des contradictions.

C'est grâce, du reste, à ces déplorables rivalités et à un appétit toujours insatiable que, à force de se considérer et de scruter réciproquement leurs intentions, les puissances en sont venues à oublier pour ainsi dire d'étudier et d'observer la Chine et se sont laissé déborder avec une extraordinaire imprévoyance.

Si, au lieu de contrecarrer les projets des Japonais, les Européens leur avaient permis de profiter, il y a cinq ans, de la défaite infligée par eux aux Chinois, pour devenir maîtres du golfe du Pe-tchi-li, une direction unique et bien comprise aurait fait rayonner dans tout le nord de la Chine une influence inspirée de la civilisation occidentale.

Les Japonais, ayant pied sur le continent, auraient pu, par leur connaissance spéciale

de la Chine, prévoir le mouvement actuel,
si tant est qu'il fût né, et, dès son prime
début, forcer les autorités indigènes à le
combattre énergiquement avec leur aide;
à la première alerte, ils auraient pu, grâce
à leur voisinage immédiat, débarquer les
troupes nécessaires à une répression foudroyante, la seule qui réussisse auprès des
Chinois, toujours prêts à travestir leurs
défaites en une légende de victoire dans
l'esprit populaire (¹).

Nous ne voyons que trop, au contraire,
quelles tergiversations précèdent une action combinée de puissances rivales qui
détiennent les différents points du golfe, et
dont chacune semble toujours regretter
l'obligation d'agir vite et fort, dans la
crainte que sa voisine ne tire plus qu'elle-
même profit des efforts communs.

Je ne nie point que l'intérêt de l'Europe
ne lui commandât d'intervenir après la paix
de Shimonoseki, mais peut-être eût-elle pu

(¹) Ceux qui craignent le Japon y auraient trouvé l'avantage d'employer utilement ses forces et de l'associer, en
quelque sorte, aux intérêts des Occidentaux.

le faire plus adroitement en s'entendant avec le Japon, de façon à ne pas enrayer complètement son action dans le nord de la Chine, tout en la contrôlant. Elle risque de payer chèrement aujourd'hui son égoïsme, qui, pour être efficace, eût dû se montrer plus prévoyant et ne pas faire succéder une période de trop grande tranquillité et de mépris exagéré des forces chinoises à la période antérieure pendant laquelle le colosse « céleste » lui était apparu comme une véritable puissance militaire qui devait fatalement écraser « son minuscule voisin ».

Espérons que l'Europe, qui a un beau rôle à remplir, en étendant sa civilisation tout en respectant les traditions des peuples d'Extrême-Orient, saura rester unie, profiter de l'aide et de l'exemple que lui donne le Japon, et retirer de ses efforts, combinés avec les siens, honneur et profit.

(Extrait de la Revue des questions diplomatiques et coloniales, dans laquelle ce travail a paru sous le titre de : L'Intervention européenne en Extrême-Orient. Paris, août, 1900.)

ARTICLE DE SIR ROBERT HART

SUR LA CHINE

Sir Robert Hart est, sans contredit, non
seulement un des hommes qui connaissent
le mieux l'empire du Milieu, mais aussi
l'Européen qui s'est le plus efficacement
occupé de sa régénération économique.
Aussi le récit qu'il vient de faire paraître
dans la *Fortnightly Review*, des événements
qui, l'été dernier, passionnèrent à un si
haut degré l'opinion publique de l'Europe,
mérite-t-il à tous égards notre très vif intérêt. Mon but n'est pas de reproduire le
détail ni la chronologie des faits qu'il rappelle, mais de faire connaître à nos lecteurs
quelques-unes de ses appréciations et de
ses réflexions les plus topiques.

Sir Robert Hart commence par dire qu'assurément les avertissements n'avaient pas manqué aux Occidentaux; en effet, déjà lors du coup d'État de l'impératrice-douairière, en 1898, l'attitude des soldats de Tung-Fung-Hsiang avait engagé les ministres étrangers à s'entourer de quelques gardes, et pendant l'automne de 1899 la presse de Changhai signalait les mouvements des Boxeurs dans le Chan-toung en indiquant leur origine et leurs aspirations.

Au printemps de 1900, on crut devoir tenir peu de compte des dénonciations faites par le *Tien-tsin Times* au sujet des agissements de la Société des Boxeurs sur la frontière du Pe-tchi-li et de leur extension dans cette province. La crainte d'événements graves était presque permanente, car chaque mois la presse locale jouait le rôle de Cassandre en annonçant le renversement imminent de la dynastie, l'extermination des étrangers et le partage de la Chine.

Mais la dernière moitié du xixe siècle avait vu la révolte des Taïpings, la guerre de l'opium, le massacre de Tien-tsin, le malentendu franco-chinois de l'époque de Courbet, et la conquête par l'étranger de la Cochinchine, de la Birmanie, de Kiao-tchéou, Port-Arthur, Wei-Hai-Wei, Kouang-tchéou-ouan, enfin le refus opposé efficacement à l'Italie de lui concéder un territoire dans le Tché-kiang. Aucun de ces événements n'était venu modifier grandement le cours normal de l'existence : aussi les cris d'alarme avaient-ils une signification de moins en moins grande, et voit-on sans surprise que beaucoup de personnes se figuraient que le mouvement des Boxeurs s'éteindrait, lui aussi, sans avoir créé un danger sérieux, ni pour le gouvernement chinois, ni pour les intérêts étrangers. En tous cas, personne ne s'attendait à ce qu'une crise pût éclater avant l'automne de 1900, et les événements de mai et de juin constituèrent-ils une surprise pour les plus expérimentés eux-mêmes.

Pour être juste et avoir quelque valeur, la critique, dit sir Robert Hart, doit étudier l'origine des faits, leurs causes et leurs développements.

Aussi fait-il remarquer que, dès que nous nous sommes trouvés en rapport avec la Chine, si étrangère à l'esprit guerrier, nous nous sommes moqués de son incapacité militaire et nous avons vivement engagé son gouvernement à devenir fort, à créer une armée et une marine, à adopter la tactique et les armes européennes. Ces conseils ne tombèrent pas dans l'oreille d'un sourd, et quelques firmes européennes pourraient nous dire les superbes bénéfices qu'elles retirèrent de la vente des engins de guerre. Mais, tandis qu'il adoptait certains conseils qui lui venaient d'Europe, le gouvernement chinois ne pouvait oublier ses trente siècles de culture nationale et s'empêcher de voir les choses par ses propres yeux. La conclusion fut qu'il considéra comme inutile et dangereuse la constitution d'une armée permanente à l'européenne, et crut qu'il ferait mieux de provoquer la constitution d'une association de volontaires semblable à celle sur laquelle le gouvernement s'était appuyé dans la Chine entière lors de la guerre franco-chinoise.

Une pareille association devait servir d'exutoire pour les esprits remuants de l'empire, dont elle devait en même temps développer l'union et le sentiment patriotiques. De là cette association des Boxeurs, d'origine patriotique, dont l'idée fondamentale se justifie parfaitement et qui, en somme, n'est que le résultat des conseils et des exemples venus de l'étranger. En même temps, d'autres circonstances influèrent simultanément sur les événements.

Certains traités de commerce n'avaient point tenu suffisamment compte des besoins des Chinois ni des circonstances spéciales dans lesquelles ils peuvent se trouver; le commerce avec l'étranger s'était vu entacher de la sorte d'une sérieuse impopularité aux yeux des autorités indigènes. Ajoutez à cela que parfois les Chinois chrétiens mécontentaient leurs compatriotes. Ce mécontentement causé par eux ne provenait pas seulement de ce qu'ils avaient adopté un culte apporté par des étrangers, que d'autres motifs faisaient craindre ou haïr. Les indigènes étaient vexés aussi parfois de voir leurs frères chrétiens refuser de participer aux dépenses des fêtes de la communauté, parce que ces fêtes avaient un caractère païen. Ou encore, ils ne pouvaient supporter de voir les missionnaires catholiques se mêler des différends que pouvaient avoir leurs convertis, ou circuler en chaises à porteurs vertes, ce qui en faisait les égaux des gouverneurs et des vice-rois. Ce froissement résultant de l'influence des missionnaires se fit jour surtout dans la province du Chan-toung, qui, il y a deux mille ans, vit naître Confucius et est devenue maintenant le siège d'un des évêchés les plus influents. Là-dessus s'est greffée l'affaire de Kiao-tchéou (¹) et la dégradation du gouverneur Li-Peng-Heng, personnage d'une capacité et d'une loyauté qui lui valaient la popularité la plus justifiée. L'installation de cet ancien fonctionnaire dans le sud-est

______

(¹) Comme toujours, les questions politiques provoquées par les gouvernements se greffent sur les questions religieuses et les compliquent.

du Pe-tchi-li, voisin du Chan-toung, donna une nouvelle impulsion au mouvement des Boxeurs, au moment où les annexions de Port-Arthur, Wei Hai-Wei, Kouang-tchéou-ouan avaient vivement mécontenté tous ceux qu'animait la moindre dignité nationale. Ces hommes, excédés des empiétements de l'étranger, et qui approuvèrent la résistance à l'Italie à propos du Tché-kiang, avaient des convictions patriotiques éminemment respectables, mais ils manquèrent assurément d'habileté politique et de sagesse dans la façon de les appliquer.

C'est ainsi que prit corps cette idée d'une armée de volontaires, qui permettrait de ne plus courber l'échine devant les étrangers et peut-être même de se débarrasser entièrement de ceux-ci. Elle avait un but patriotique dont la légitimité est incontestable ; mais son organisation populaire et son développement considérable devaient entraîner des actes dépassant de beaucoup le but poursuivi. Loin de diriger le mouvement, le gouvernement devait finir par être entraîné par lui.

Les rumeurs d'alarme, qui se répandirent à la fin du mois de mai, ne pouvaient cependant faire croire aux étrangers qui résident à Pékin que la sécurité de la capitale serait atteinte; à un moment, on crut même que les troupes régulières opéraient contre les Boxeurs, pour protéger la gare de Machapou (en réalité, l'on sait maintenant que leurs opérations n'avaient d'autre but que de retarder la marche de l'amiral Seymour, qui venait de Tien-tsin).

Peu de temps avant l'entrée des Boxeurs dans la capitale, quelques nominations nouvelles furent faites au Yamen du conseil des affaires étrangères. Le plus important des nouveaux ministres nommés à ce moment était le prince Touan, apparenté à toute une série de princes, et surtout père du Ta-a-Ko ou héritier présomptif. La plupart des étrangers virent d'un fort mauvais œil cette nomination, à cause des sentiments bien connus d'hostilité du prince à l'égard des étrangers. Sir Robert Hart, au contraire, est d'avis qu'elle était excellente, car, dit-il, l'impératrice se trouvait tiraillée par les tendances contradictoires du prince Touan d'une part et du prince Ching de l'autre. Elle aura sans doute fait remarquer au prince Touan que, comme père du futur empereur, il était le plus directement intéressé au maintien de l'ordre et à la sécurité de la dynastie; étant lui-même l'une des têtes dirigeantes du mouvement des Boxeurs, en même temps qu'il était le chef de l'armée de campagne de Pékin, il était mieux à même que n'importe qui de prendre les mesures voulues pour éviter un bouleversement dont son fils serait le premier à souffrir. La nomination du prince Touan paraissait à sir Robert Hart d'autant plus raisonnable que bien des ministres, connus avant leur accession au pouvoir pour leur hostilité à l'égard des étrangers, avaient, plus tard, par suite de l'expérience acquise et de leurs relations personnelles avec les étrangers, profondément modifié leurs sentiments.

Mais les exigences relatives aux forts de Takou, en froissant profondément toutes les autorités chinoises, vinrent renverser tous ces calculs optimistes (¹). A partir de ce moment, le mouvement ne fit que grandir. Alors qu'au début il ne s'agissait que d'une échauffourée de Boxeurs armés de sabres et de lances, à partir du 20 juin, au contraire, les étrangers avaient à faire face aux soldats réguliers armés de canons Krupp. Ces armes perfectionnées n'empêchaient pas, du reste, les Chinois d'avoir recours, pour tâcher d'augmenter l'effroi des assiégés, à tous les moyens, même inoffensifs, d'augmenter le bruit, comme par exemple aux pétards. Sir Robert Hart rend à plusieurs reprises un juste tribut d'hommages au colonel Shéba et aux hardis Japonais qui, sous son commandement,

(¹) Il n'est pas sans intérêt de remarquer que cette prise des forts de Takou, qui gâta les choses, fut faite après le départ de l'amiral anglais Seymour ; elle semble donc pouvoir être due à l'influence des Russes, les seuls qui tirèrent quelque avantage des événements de 1900 par leur installation en Mandchourie ; celle-ci était préparée dès 1896 par une clause du traité russo-chinois relatif au chemin de fer, mais un prétexte pouvait être utile à sa réalisation. « *Is fecit cui prodest* », disent les juristes.

firent preuve de tant d'endurance, de courage et de savoir-faire pour la défense des légations; deux mille Européens leur doivent la vie.

A partir du 20 juin, l'anxiété ne fit que croître parmi les Européens, qui, supposant que les forts de Takou avaient été pris le 18, comptaient chaque jour sur l'arrivée de l'amiral Seymour. Celui-ci, malheureusement, se laissa retarder au début de son expédition, en employant ses hommes à reconstruire la voie ferrée; ce travail, devenu inutile par la nouvelle destruction qui le suivit, eut pour effet d'enrayer la marche sur Pékin jusqu'au moment où elle devint impossible.

Sir Robert Hart nous fait assister à l'anxiété des malheureux assiégés, que les nouvelles contradictoires mettaient dans la plus pénible incertitude.

Ils se trouvèrent sous le feu continu de l'ennemi du 20 au 25 juin, du 28 juin au 18 juillet, du 28 juillet au 2 août, et enfin du 4 au 14 août. Ils ne savaient si les moments d'accalmie étaient dus à des ordres précis du gouvernement, mais il leur paraissait certain que le bombardement, si voisin du palais impérial, ne pouvait avoir lieu sans une autorisation supérieure. Cependant, il semble probable que quelqu'un intervint pour les protéger partiellement; en effet, le nombre des assaillants était bien inférieur à celui dont le gouvernement aurait pu disposer; d'autre part, l'attaque n'était jamais poussée à fond et s'arrêtait toujours précisément au moment où les assiégés craignaient qu'elle ne fût couronnée de succès; du reste, si les forces qui entouraient les Européens avaient poussé l'attaque vigoureusement et avec une réelle détermination, il est évident qu'ils n'auraient pu résister une semaine, peut-être même pas une journée.

Il est donc permis de croire que quelque homme sage et influent, se rendant compte de ce que la destruction des légations coûterait à l'empire et à la dynastie, intervenait entre le moment où l'ordre était donné de massacrer les étrangers et le moment où cet ordre pouvait être exécuté; le résultat en était que la soldatesque se trouvait, à l'égard des assiégés, dans la situation d'un chat qui joue avec une souris. De la sorte, d'une part, le bruit de la canonnade faisait apprécier aux habitants du palais impérial la vigueur un peu factice de l'attaque des légations et l'énergie de leur résistance; d'autre part, ce demi-entrain, assez singulièrement apporté à l'attaque elle-même, permettait néanmoins aux assiégés de vivre, et donnait aux troupes de secours le temps d'arriver pour leur délivrance.

Au début du mois d'août, un édit impérial insista sur la proposition qui avait déjà été faite aux assiégés de se rendre à Tientsin; il ordonnait même au commandant en chef, Yung-Luh, de déléguer de hauts mandarins civils et militaires pour leur servir d'escorte; un autre édit simultané exprimait les sentiments bienveillants de l'empereur pour les ministres, les missionnaires et les négociants étrangers, et même pour les indigènes chrétiens. Mais « ce bloc enfariné ne disait rien qui valût » :

on se demandait si cette offre n'avait pas pour but le massacre des Européens en route, ou celui des convertis indigènes laissés à Pékin, ou encore si l'objet de cette protection spéciale n'était pas tout simplement d'empêcher l'arrivée des troupes de secours. Toujours est-il que, escomptant l'acceptation de cette proposition, Li-Hung-Tchang télégraphiait le 7 août au ministre des affaires étrangères de Saint-Pétersbourg que le personnel de toutes les légations était arrivé sain et sauf à Tien-tsin sous l'escorte de Yung-Luh.

Les Européens eurent certainement raison d'user de prudence, puisque, le 13 août, deux ministres du Yamen furent encore exécutés parce qu'ils avaient désapprouvé la politique agressive du gouvernement à l'égard des étrangers.

Sir Robert Hart termine son exposé si intéressant des événements de ce qu'il appelle *une saison d'été à Pékin*, par quelques réflexions sur l'avenir que ces faits présagent.

C'est à juste titre, semble-t-il, qu'il les

considère comme le prélude d'une période
de transformation et le point de départ de
l'histoire future de l'Extrême-Orient. La
Chine de l'an 2000 sera, dit-il, bien différente de celle de 1900. Le sentiment national est un facteur constant, dont il faut
tenir compte et qu'on ne peut éliminer
lorsqu'on s'occupe d'événements qui con-
cernent un peuple. Or, le sentiment que
l'on rencontre universellement en Chine
est l'orgueil des institutions chinoises et le
mépris des choses étrangères. Les relations avec les étrangers **qui** résultent, pour
les Chinois, de traités, et qu'ils considèrent
comme une humiliation, n'ont pas modifié
ces tendances originelles; elles les ont
peut-être fortifiées, au contraire, et l'avenir
en subira certainement l'influence.

La première question est, dit l'écrivain
anglais, de sortir de l'état d'hostilité de fait
dans lequel la Chine se trouve vis-à-vis de
tous les autres peuples. Dans ce but, des
mesures nouvelles de sauvegarde doivent
être prises pour l'avenir, puisque toutes
les stipulations des anciens traités ont été

inefficaces et se voient entachées d'une légitime défiance.

Trois solutions semblent se présenter. D'abord, le partage de la Chine, qui, étant donné l'énormité de la population, entraînerait l'incertitude et l'insécurité pour toutes les générations à venir; le Chinois est assurément un homme pratique, susceptible, plus que d'autres, d'accepter la domination de ceux qui ont la force de le gouverner avec justice; mais cela n'empêche pas l'existence chez lui d'aspirations et de sentiments chinois qui, sous les apparences de complète tranquillité, ne cesseraient pas de germer et tôt ou tard finiraient par produire leurs effets. Le deuxième moyen serait l'établissement d'une nouvelle dynastie; mais comment vaincre l'impossibilité de trouver un homme qui soit accepté par la Chine entière, sans compter qu'une dynastie qui devrait son existence à l'accord des puissances étrangères serait entachée d'une impopularité et d'une faiblesse indélébiles? La troisième solution entrevue par sir Robert Hart est tout simplement le maintien de la dynastie régnante ; il préconise ce moyen à cause de l'influence incontestée qu'elle a conservée dans la Chine entière.

En résumé, le péril jaune résulte, d'après sir Robert Hart, du réveil de la Chine, qui se traduit par ce mot d'ordre : « La Chine aux Chinois et dehors les étrangers. » Le mouvement des Boxeurs provient de l'inutilité que les Chinois trouvent à entretenir des relations avec les étrangers, dont ils se sont pendant de longs siècles admirablement passés, attendu qu'ils trouvent chez eux tout ce dont ils peuvent avoir besoin. Ce mouvement est certainement dû, originairement, à une inspiration officielle, mais il s'est emparé de l'imagination populaire, et il est à présumer qu'il s'étendra de long en large dans tout l'empire. Il dérive d'un élan patriotique et volontaire, dont le but est de fortifier la Chine dans un but chinois. Il a voulu effrayer l'étranger et le chasser par la peur. S'il n'a pas, cette fois, réussi par la force, il a cependant montré quel écho il pouvait trouver dans le peuple ;

ses initiateurs ont compris que les lances et les sabres, auxquels la prudence des mandarins avait limité leur armement, devaient être remplacés par des fusils Mauser et des canons Krupp.

Voilà le réveil que craint sir Robert Hart, et il rappelle que Ouen-Hsiang, qui fut premier ministre il y a bientôt quarante ans, disait souvent aux représentants des puissances étrangères : « Vous avez tous un désir exagéré de nous éveiller et de nous faire prendre une voie nouvelle ; mais vous le regretterez tous, car une fois éveillés et lancés, nous irons vite, très vite, beaucoup plus vite que vous ne le croyez et que vous ne le désirez. »

Pour éviter ce péril, que les petits-fils des Boxeurs d'aujourd'hui pourront faire renaître, il faudrait, dit sir Robert Hart, que les puissances pussent agir d'accord pour profiter des qualités pacifiques et antimilitaires des Chinois, et développer leur activité en évitant de les enrôler de quelque façon que ce soit. De la sorte, on pourrait répondre aux aspirations industrieuses des Chinois, et les amener par la douceur à ne plus craindre les Européens et à devenir pour eux des amis. La large diffusion du christianisme constituerait, dans ce but, l'élément le plus efficace de rapprochement des deux races par des liens d'amitié. Tandis que, si le désaccord et la rivalité des puissances se maintiennent, le mouvement anti-étranger ne pourra que s'étendre dans les profondeurs de la population, et constituer dans cinquante ans un sérieux danger pour tous les Européens qui ont des intérêts en Extrême-Orient.

Ce danger aura été causé en grande partie par la faute des Européens eux-mêmes. Ceux-ci, dit sir Robert Hart, n'ont pas manqué de générosité à l'égard de la Chine; mais assurément une ligne de conduite plus raisonnable, plus suivie et empreinte d'un peu plus de tact, aurait produit probablement de meilleurs résultats.

Les événements récents sont en tous cas pour l'avenir une grande leçon, prouvant que les étrangers ne pourront pas maintenir indéfiniment les traités tout à leur avantage que la force seule leur a permis d'imposer jadis aux Chinois. L'autorité des étrangers, leurs privilèges, le maintien de leur extraterritorialité devront cesser un jour. Il faut donc que les Européens se préparent à l'avenir par une conduite pleine de prudence, appropriée aux circonstances.

C'est là, dit en terminant notre auteur, un résultat qu'on eût peut-être pu obtenir sans les malheurs et les ruines qui viennent de s'abattre sur Pékin; un peu plus de tact, encore une fois, eût sans doute évité ces regrettables événements.

(Extrait de la *Revue des questions diplomatiques et coloniales*, Paris, 1901.)

LES ORIGINES

DU

CONFLIT RUSSO-JAPONAIS

DE 1904

Les événements actuels forcent l'Europe tout entière à s'intéresser, presque malgré elle, à l'Extrême-Orient.

L'Asie ne lui était guère apparue, jusqu'à présent, que comme un immense territoire dont le but unique ne pouvait être que de fournir aux puissances occidentales des colonies.

Dès lors, il était excessivement simple d'appliquer à tous ces peuples lointains la vieille notion romaine de « barbarie », tout aussi sommaire en cela que la même notion chinoise. Aussi est-on désagréable-

(1) Résumé d'une conférence faite à Bruxelles le 2 février 1904.

ment surpris en Occident de voir une nation asiatique en état d'entreprendre une guerre sérieuse contre une puissance considérée comme européenne.

La mauvaise humeur qui en résulte chez les Occidentaux se donne libre cours dans certaines appréciations simplistes et purement sentimentales.

Les Russes, qui sont en cause, sont peut-être les seuls en Europe qui connaissent assez l'Asie et ont en même temps assez de bon sens pour ne pas réduire les choses à des proportions aussi sommaires.

Il nous a paru qu'il pouvait être intéressant de rappeler la suite logique des faits du passé qui ont préparé tout naturellement les événements auxquels nous assistons.

Loin de nous l'idée de nous prononcer ici pour l'un ou l'autre des belligérants, car nous sommes hostiles aux appréciations de parti pris qui semblent inspirer, en sens contradictoire, certains journaux; notre but est uniquement de faire ressortir, à la lumière de l'histoire, les intérêts opposés qui sont en jeu.

On verra, d'une part, que si les Russes s'étendent jusqu'à l'océan Pacifique, c'est qu'ils sont poussés par une sorte de nécessité d'agrandissement qui les a dirigés depuis deux siècles; mais on verra aussi, d'autre part, que si le Japon en est arrivé à la fatalité de la guerre, ce n'est pas par le seul effet d'un coup de tête dû à l'orgueil, comme on le proclame si souvent; que ce n'est pas non plus une simple conséquence de son européanisation.

Cette européanisation n'a jamais été, en effet, pour le Japon, le point de départ de sa civilisation, comme les Européens se plaisent parfois à le proclamer dans un élan de vanité presque comique.

L'ouverture du Japon aux relations extérieures, en 1868, et l'adoption qu'il a faite de certains progrès récemment inventés par l'Europe constituent un des stades importants de sa longue histoire, qui s'enorgueillit de plus de quinze siècles de haute culture. Mais, avant cette étape, il y en eut d'autres aussi belles.

Les articles nombreux dans lesquels on

affirme que le Japon ne peut être réellement civilisé, parce qu'il n'a pas de bons canons et qu'il ne connaît les chemins de fer que depuis son ouverture aux relations extérieures, sont aussi absurdes que des articles dans lesquels on affirmerait que la civilisation européenne n'existait pas avant ces inventions toutes modernes. Et l'adoption d'une législation que l'Europe elle-même ignorait il y a un peu plus d'un siècle, prouve-t-elle qu'il y a cent cinquante ans la France ne fût pas civilisée ([1]) !

A l'époque où les États modernes de l'Europe étaient à peine en formation, l'empire japonais avait déjà une organisation absolument complète et pouvait se réjouir d'un essor admirable des arts les plus délicats ([2]).

([1]) Il est piquant de constater qu'un peuple n'est considéré par nous comme civilisé qu'en proportion de ses moyens de destruction brutale.

([2]) L'art japonais, par exemple, comme l'art de tous les pays, est la pierre de touche de sa civilisation ; s'il n'a été d'abord découvert par les Européens que dans une de ses branches les plus récentes, représentée entre autres par Hokusaï, cela ne l'a pas empêché d'exister bien des siècles

Et à l'époque de l'empire romain, la dynastie encore actuellement existante régnait déjà sur l'empire du Soleil levant.

C'est dire que le souci de son existence et les relations du Japon avec ses voisins ne datent pas pour lui de l'arrivée des Européens.

Le pays le plus rapproché est pour lui la Corée; aussi ces deux contrées ont-elles naturellement subi une influence réciproque à travers les siècles.

Nous voyons que s'il lui est arrivé de servir de trait d'union entre ses puissants voisins, la presqu'île coréenne fut aussi, à plusieurs reprises, une pomme de discorde entre eux; nous voyons aussi que, trop faible, et surtout trop mal organisée pour leur résister, elle subit toujours l'influence de l'un et de l'autre.

Il faut remonter à l'an 32 avant Jésus-

avant cette découverte; l'ignorance seule peut amener quelques publicistes à ne pas citer, dans certains articles, un grand homme de l'Extrême-Orient, afin de démontrer plus facilement que l'Europe seule compte des esprits distingués.

Christ pour trouver les premières traces historiques d'une intervention japonaise en Corée. Cette contrée était alors divisée en quatre petits royaumes, comme la plupart des pays ont commencé par être composés de fractions moindres ; l'un des quatre petits souverains, celui de Siraki, luttant contre son voisin, appela à son secours le grand empire insulaire.

Au IIIe siècle de notre ère, la célèbre impératrice Dzingou se rendit fameuse par son expédition en Corée.

Pendant les siècles suivants, l'expédition la plus importante fut la conquête complète de la Corée par le grand Hideyoshi, à partir de l'année 1592.

La mort, survenue en 1598, empêcha Hideyoshi de donner à cette expédition victorieuse toutes les conséquences qu'il en attendait ; mais les traces de la conquête subsistèrent néanmoins dans la presqu'île, où les Japonais conservèrent le droit d'entretenir une garnison à Fusan. Ces immixtions dans les affaires de la Corée n'avaient pu se produire sans entraîner, en faveur du

Japon, une reconnaissance de suzeraineté, conforme aux traditions habituelles des peuples de l'Extrême-Orient. Mais ce ne fut pas seulement par des expéditions guerrières que les relations se manifestèrent entre les deux pays voisins. La Corée fut tout naturellement, par suite de sa situation géographique, l'intermédiaire entre la vieille civilisation de l'empire du Milieu et l'empire insulaire, qui, comme n'importe quel pays du monde, inspira sa civilisation des progrès du voisin.

Le bouddhisme, introduit au Japon vers le milieu du vi^e siècle, fut accompagné dans sa conquête pacifique d'une pléiade d'artistes coréens, qui enseignèrent aux nouveaux convertis la représentation du monde d'images de la religion continentale. Pendant trois cents ans, les Coréens paraissent s'être maintenus au premier rang des artistes de la cour.

C'est qu'eux-mêmes avaient appris de la patrie-mère, du grand empire céleste, les arts et les applications de ceux-ci aux besoins de l'existence ; mais leurs élèves eurent sur eux l'inappréciable avantage de posséder cette étincelle de génie et d'originalité qui leur permit de transformer les métiers qu'on leur enseignait, et de créer un art tout personnel à la lumière de leur propre conception de la nature et de la vie.

Si nous rappelons ces faits du développement de la civilisation japonaise, c'est pour montrer combien elle est ancienne et féconde ; pour noter aussi qu'un développement aussi long de la vie d'un peuple n'a pu se faire sans étapes et que, par conséquent, la transformation récente de l'organisation politique du Japon n'est aussi qu'une étape de sa vie et non pas une naissance ; enfin, que cette dernière étape, par la facilité relative avec laquelle elle s'est accomplie et l'esprit de suite qu'elle décèle, prouve à elle seule une longue et profonde éducation antérieure.

Ces faits nous montrent aussi, sans qu'aucun commentaire soit nécessaire, que si, au XXIIe siècle de son histoire connue, le Japon tourne ses regards vers la Corée, c'est là une conséquence presque fatale de sa situation et une continuation logique de son passé. Car s'il est vrai que la Corée, un moment véritable foyer de civilisation, soit tombée dans une décrépitude qui exige un renouveau, il reste pourtant une double raison pour que le Japon s'inquiète encore d'elle. Cette double raison touche à sa propre conservation personnelle.

Un premier souci, dont la légitimité ne peut être contestée pour aucun peuple, c'est celui de se nourrir.

Or, s'il est vrai que les Japonais, jadis confinés chez eux, ont pendant longtemps trouvé dans leurs îles tout ce qu'il fallait pour leur subsistance, l'augmentation de leur population a créé pour eux le besoin impérieux d'un commerce de denrées alimentaires.

Comme les Européens importent du blé, ils sont obligés d'importer du riz.

Le pays qui, par sa proximité, par la similitude de son climat, par le nombre peu élevé de ses habitants, est tout indiqué pour fournir ce riz et alimenter ce commerce, c'est la Corée.

Or, le gouvernement déplorable de la presqu'île, qui était administrée par une caste de mandarins exploiteurs du peuple, a eu pour le commerce japonais les plus néfastes conséquences.

Non seulement le pays a été, depuis quarante ans, continuellement troublé par des désordres fréquents que le gouvernement indigène s'est montré incapable de réprimer, mais encore les exactions des autorités ont trop souvent amené des troubles factices dans le commerce du riz, par des mesures arbitraires que l'on prenait au sujet de son exportation et dont les pots-de-vin étaient le but.

Le désir d'une modification de cet état de choses paraît naturel.

Le second souci du Japon à l'égard de la Corée a un caractère plus nettement politique et nous fait mieux apercevoir le nœud de la question actuelle. Tandis que la presqu'île avait avec son voisin de l'est les relations que nous avons tâché de résumer, elle entrait aussi forcément dans l'admirable système politique de l'empire chinois. On sait que la Chine proprement dite ne comprend que les dix-huit provinces qui sont le cœur de l'empire ; à cette partie centrale et essentielle s'ajoutent deux éléments : d'abord les dépendances directes de l'empire, comme le Thibet ou la Mandchourie, et puis les petits États vassaux, destinés à ne procurer au Fils du Ciel que des avantages.

Ceux-ci étaient les « ressorts de l'empire » contre les chocs de l'extérieur, et le fait est que l'empereur put, tout en imposant aux rois de ces États sa volonté et sa civilisation, profiter souvent d'eux pour éviter le contact direct avec les « barbares » (¹).

(¹) Cette crainte que les Chinois ont eue des « barbares », qu'ils méprisent plus encore qu'ils ne les haïssent, est la chose la plus naturelle du monde ; il faut se rappeler, en effet, que chacune de leurs relations avec ces « barbares » du centre et du nord de l'Asie a marqué un terrible choc pour le vieil empire ; qu'en 214 avant Jésus-Christ, on construisait déjà la « grande muraille » pour se défendre contre eux, et qu'enfin, à deux reprises, au XIIIᵉ et au XVIIᵉ siècle, des dynasties nationales furent chassées du trône par des conquérants « barbares ». Les relations des Chinois avec les Européens, dans le courant du XIXᵉ siècle,

L'histoire de la Corée peut servir d'illustration à l'exposé de ce système, car ce royaume paraît avoir dû être le type idéal de l'État tampon pour l'empire du Milieu : trop isolé pour avoir pu faire partie d'une des dix-huit provinces, trop rapproché pour n'avoir pas subi directement l'influence civilisatrice de sa grande voisine, il offrait l'avantage de servir de rempart au golfe de Pe-tchi-li et, par conséquent, à la capitale actuelle elle-mème.

Nous voyons les Chinois intervenir en Corée, dès le VIIe siècle, pour aider le roi de Siraki à s'annexer les petits royaumes voisins, et dès cette époque ils semblent s'être heurtés à une influence opposée des Japonais, dont ils triomphèrent.

En effet, au point de vue chinois, ces États tampons devaient, pour être utiles,

n'ont guère été faites pour leur donner des « barbares de la mer » une impression beaucoup meilleure que des barbares du continent. Si l'on y réfléchit un instant, on doit se dire que l'apparition des troupes européennes en Chine doit faire aux habitants une impression analogue à celle qu'éprouvèrent nos pères aux passages des soldats d'Attila.

avoir une certaine cohésion. Le Japon, n'ayant pas le même but, n'avait aucun intérêt à ce que ces États faibles se réunissent pour former sur ses flancs un voisin continental plus puissant.

On verra que c'est cette même idée de la crainte d'un voisinage redoutable sur la terre ferme qui inspire encore actuellement la politique japonaise.

Le Japon préférait jadis que la Corée fût divisée; maintenant que la Corée est unifiée, il préfère qu'elle reste isolée et ne soit pas la province avancée d'un grand empire. Poursuivant ce résumé historique, nous voyons qu'en 1392, le Fils du Ciel favorisa l'installation de la dynastie encore actuellement régnante en Corée; enfin, au XVIIᵉ siècle, lors de la conquête du trône de la Chine par le fondateur de la dynastie des Tsing, la Corée fut envahie par les troupes impériales et les relations de vasselage furent confirmées et réglées entre les deux cours.

La malheureuse Corée se trouvait donc sous la dépendance simultanée de ses deux puissants voisins, obligée dès lors de payer tribut et de plaire, dans la mesure du possible, à l'un et à l'autre.

Lorsqu'en 1867 le Japon renoua des relations avec l'étranger, la Corée, imbue, plus encore qu'elle ne l'avait jamais été, du principe de l'isolement, ne cacha pas sa désapprobation. Dès lors, les relations furent des plus tendues entre le suzerain et son vassal, jusqu'à ce que le gouvernement japonais profitât des circonstances pour conclure, en 1876, avec le roi de Corée, un traité.

Ce traité mérite assurément notre attention, parce qu'il est le point de départ d'une ère nouvelle pour la Corée, et surtout parce qu'il décèle tout le plan de la politique japonaise en Corée depuis un quart de siècle.

Le Japon, renonçant à ses droits séculaires de suzeraineté, n'hésite pas à y proclamer que la Corée est un État souverain à l'égal de ses voisins.

Une vingtaine d'années plus tard, le roi de Corée complétait cette déclaration de son indépendance vis-à-vis des deux empereurs ses voisins en se proclamant empereur lui-même.

Cette contradiction formelle avec le passé, admise par le gouvernement japonais dès 1876, s'explique par le désir, déjà conçu, d'assurer la Corée aux Coréens et d'empêcher par là qu'elle ne devînt, comme nous le disions, une simple province d'un empire plus considérable.

Pareille éventualité aurait, en effet, créé pour le Japon le danger permanent d'un voisinage menaçant.

Pour comprendre cette crainte de l'empire du Soleil levant, il faut se rappeler que Tsu-Shima, la première île japonaise, est très voisine de la péninsule, et qu'il était déjà arrivé, en 1861, qu'un navire de guerre étranger en prît possession (¹); ce ne sont pas les puissances européennes, dont l'une des plus avancées a craint de se rapprocher du continent par la construc-

(¹) Ce navire était commandé par le capitaine Bililew et l'intervention de l'Angleterre amena l'évacuation de l'île.

tion d'un tunnel sous-marin, qui pourront s'étonner d'un semblable état d'esprit.

Le Japon a donc au maintien d'une puissance peu redoutable à ses portes un avantage comparable à celui que la France pouvait trouver en 1830 à la désagrégation du royaume des Pays-Bas, en vue de la formation sur sa frontière du nord d'une puissance neutre et exempte de danger.

Il est naturel que les Japonais connussent assez l'histoire de l'Extrême-Orient pour prévoir que, si la Corée ne restait pas aux Coréens, elle ne tarderait pas à être annexée par une puissance européenne; l'histoire récente du Japon lui avait prouvé le « péril blanc » que constituent les Occidentaux, puisque c'est la force que ceux-ci firent valoir en 1867, et que c'est la force qui les amena sur toutes les côtes de l'Asie orientale (¹). Le Japon lui-même n'a pas toujours été à l'abri des velléités d'annexion des puissances européennes; certaines

______

(¹) Ce n'est pas cet emploi continuel de la force qui puisse les faire estimer des Chinois, peuple essentiellement peu militaire.

combinaisons des Russes, et aussi des Anglais, avaient eu pour but le Japon dès la fin du XVIIIe siècle, et lors de la réouverture du Japon au début de l'ère de Meidji, la rivalité des puissances empêcha seule chacune d'elles d'exiger plus que le droit d'établir dans les ports des relations de commerce. La méfiance du Japon est donc loin d'être aussi peu fondée qu'on se plaît parfois à le dire, et le souci de sa sécurité n'a rien que de légitime. D'autre part, la Chine s'est montrée, depuis quelques années, tout à fait incapable de défendre ses frontières contre les étrangers : Hong-Kong, l'Annam et d'autres localités prouvaient surabondamment cette faiblesse, que les Européens ne comprirent entièrement qu'en 1895.

Le pays tout indiqué pour succéder à la Chine en Corée, si celle-ci avait été totalement absorbée par l'empire du Milieu, c'était la Russie.

Par une admirable diplomatie qui ne le cède en rien à celle des Orientaux, la Russie poursuit, depuis deux siècles, la réalisation d'un désir d'expansion que lui commandait sa situation géographique; elle cherche la réalisation du rêve attribué à Pierre le Grand, de voir son empire doté d'un port en « mer chaude ».

Elle le chercha d'abord vers le sud de l'Europe, et, après s'être annexé les voisins qui gênaient son expansion de pays jeune et vigoureux, elle ne put obtenir, du côté des Dardanelles, la sortie complètement libre qu'elle souhaitait.

Elle chercha ensuite un exutoire vers la mer des Indes, et là aussi elle se heurta à des droits acquis, énergiquement défendus.

Enfin, elle songea depuis quelques années au golfe Persique, et l'on ne peut nier qu'elle ait fait dans le royaume d'Iran des progrès considérables.

Mais pendant tout ce temps elle ne perdait pas de vue une autre mer, lointaine mais immense, qui pouvait lui ouvrir des horizons merveilleux; pour l'atteindre, il fallait, lentement mais sûrement, aller chercher chez eux les Mongols, sur lesquels on avait conquis une partie de la

Russie d'Europe; il fallait faire, en sens inverse, ce qu'avait réalisé jadis le grand Gengis-Khan.

A une époque où les puissances occidentales se déchiraient entre elles, Pierre le Grand concluait déjà avec le célèbre empereur Kang-Hi le traité de Nerchinsk (1689), qui assurait aux Russes des relations pacifiques avec l'empire du Milieu, en même temps qu'un territoire considérable dans le nord du continent asiatique.

Nous devons rendre aux Russes cet hommage que ce sont les seuls Européens qui furent capables de vivre pendant deux siècles sur le pied de paix avec des Asiatiques et de traiter ceux-ci autrement que comme des sauvages.

Depuis 1689, nous assistons à une avancée amicale et prudente dont une grande étape est marquée, au bout d'un siècle et demi, par le traité d'Aïgoun.

Par cet accord, le général Mouraview assurait au tsar toute la rive gauche du fleuve Amour.

L'immense territoire côtier, qui s'étend

de Nicolaïevsk à la frontière coréenne et qui correspond comme distance à celle qui sépare, à travers l'Europe, la mer Baltique de l'Adriatique, devait appartenir en commun à l'empire Ta-Tsing et à celui des tsars.

Deux ans après, le traité de Pékin, conclu par Ignatieff, complétait l'œuvre du « comte Amourski », en assurant à la seule Russie la possession de ce territoire situé sur la rive droite du fleuve.

Dès lors, la Russie entra dans une nouvelle période d'attente relativement à l'Extrême-Orient, tandis qu'elle ne chômait guère dans ses progrès en Asie centrale; c'est grâce à ceux-ci, du reste, que le prince Ouktomsky a pu écrire, tout récemment, que des centaines de mille nomades, Kalmouks, Bouriates, Toungouses ou autres, tous à demi païens, étaient devenus, par la force des choses, les représentants officiels du nom russe.

Se montrant européens par l'utilisation des progrès matériels de notre civilisation, les Russes firent, pour la Sibérie, ce que l'Angleterre avait fait pour le Canada ; le tsar Alexandre III chargea, en 1891, le tsarevitch de poser, à Vladivostock, le premier rail du Transsibérien.

Cette œuvre gigantesque, achevée en un laps de temps si court, devait être à la fois un chemin de fer de pénétration, de stratégie et de commerce. On comprend qu'après un effort soutenu pendant deux siècles avec tant d'énergie et de persévérance, les Russes aient été déçus de voir le traité de paix conclu, en 1895, entre le Japon et la Chine leur enlever l'espoir de descendre aisément plus bas que Vladivostock.

L'attribution au Japon de Port-Arthur et de la presqu'île de Liao-Toung rendait, en effet, les Japonais maîtres du golfe de Petchi-li, les plaçait à deux pas de la capitale et leur permettait de séparer tout à fait la Corée, et aussi la côte de Sibérie, du cœur de la Chine. Cet événement risquait d'enlever à tout jamais aux Russes le port en mer chaude qu'ils considéraient comme étant nécessaire à la vie de l'empire. Mais, d'autre part, il est élémentaire qu'au point de vue des Japonais, la conquête qu'ils venaient de payer de leur sang et de leur or leur appartenait à eux seuls ; ils devaient tout naturellement y tenir, d'autant plus qu'elle leur assurait la possibilité de maintenir la Corée aux Coréens, et d'avoir dans la presqu'île l'influence prépondérante qui, à leurs yeux, est nécessaire à leur propre existence économique et politique.

Cette influence prépondérante, ils s'étaient déjà cru le droit d'y compter lorsqu'ils ouvrirent la Corée aux relations extérieures en 1876. Elle ne leur vint pas aussi vite qu'ils avaient pu l'espérer, tant par suite des difficultés intérieures de la presqu'île que surtout par la rivalité de la Chine d'abord et des autres puissances ensuite (¹). Cette influence prépondérante

---

(¹) Il faut rappeler que l'influence chinoise fut prépondérante en Corée aussi longtemps que l'amiral Courbet n'eut pas détruit la flotte du Pe-tchi-li, et qu'elle parut décliner peu à peu au profit des Japonais, après ce grave événement.

leur échappa une seconde fois, en 1895, après leur victoire sur la Chine, par l'intervention des puissances européennes en vue de faire modifier le traité de Shimonoseki.

Deux intérêts contradictoires se trouvaient donc en jeu. C'est par ces intérêts que les événements s'expliquent, et pas autrement. Les Russes, qui furent en cause, le savent mieux que n'importe qui; ils ont dû sourire de voir les Occidentaux transformer les choses en une question de sentiment, en représentant l'intervention russe comme imbue d'un désintéressement qui n'est dans les habitudes d'aucune nation, et que les gouvernements, chargés des intérêts d'une collectivité, n'ont, du reste, même pas le droit d'avoir.

D'autres puissances, poussées aussi par leur intérêt, trop long à rappeler ici, suivirent les Russes dans leur protestation; c'est ainsi que la proclamation, par trois puissances, de la nécessité de maintenir l'intégrité de la Chine amena le gouvernement japonais à renoncer aux fruits de sa victoire.

Cette intégrité de la Chine devait, proclamait-on, être désormais respectée.

Il est assez piquant de noter qu'il y a neuf ans, l'intégrité de la Chine, opposée à la conquête japonaise, semblait donc comprendre même les dépendances de l'empire, comme la Mandchourie, au sud de laquelle se trouve la presqu'île de Liao-Toung (¹). En 1902, le traité russo-chinois, dont nous parlerons plus loin, proclamait encore que la « Mandchourie demeure portion intégrale de l'empire chinois ».

En 1904, au contraire, quand le gouvernement américain proposa aux puissances de garantir la neutralité de la Chine, tout le monde se mit d'accord pour distinguer ces deux sortes de territoires.

(¹) Nous devons bien ajouter aussi que cette proclamation de défense de la Chine, faite par des Occidentaux, pouvait étonner les Extrême-Orientaux qui se souvenaient de la prise de Pékin avec ses pillages, de la guerre de l'opium, de la conquête de Hong-Kong, de celle de l'Annam et du Tonkin; car, ne l'oublions pas, aux yeux de la masse du peuple, les Occidentaux forment un bloc, comparable au bloc que nous formons en Europe quand nous parlons de la race jaune composée de tant de peuples divers.

C'est que les choses sont bien changées depuis 1895, et qu'aucune puissance n'a perdu de temps.

En 1896, les Russes obtenaient le droit de faire passer leur ligne de chemin de fer à travers la Mandchourie, et évitaient ainsi le trajet pénible et peu fructueux qu'elle aurait dû accomplir le long du fleuve Amour.

En même temps, ils acquéraient le droit de protéger leur ligne par « quelques bataillons spéciaux de cavalerie et d'infanterie à placer dans quelques stations importantes ».

Les événements de 1900 permirent à la Russie de profiter de cette latitude que lui donnaient les conventions de 1896, comme elle le reconnut très nettement elle-même dans le traité russo-chinois de 1902. C'est ce traité de 1902 qui, s'inspirant de l'idée déjà émise dans divers traités antérieurs, notamment dans l'accord anglo-russe de 1899, rappelait, implicitement au moins, l'intégrité de l'empire chinois ; l'évacuation de la Mandchourie par les Russes était, en effet, annoncée et devait s'effectuer en trois étapes, pour être complète au bout de dix-huit mois.

Une clause d'« égyptianisation » permettait cependant de différer cette évacuation (annoncée aussi dans d'autres protocoles), dans le cas où « il y aurait des troubles quelconques, ou si la conduite des autres puissances y opposait quelque obstacle ». La Russie peut donc dire aisément qu'elle se trouve dans les termes de cet important traité, qui, quoique conclu seulement avec la Chine, intéresse grandement les tiers.

De 1896 à 1902, des événements considérables s'étaient accomplis; en automne de 1897 et au printemps de 1898, quatre puissances européennes s'étaient successivement taillé de petites possessions sur les côtes de la Chine, et notamment les Russes avaient mis à exécution un projet déjà esquissé dans leur traité de 1896, de prendre possession de Port-Arthur, jadis arraché au Japon.

Les relations russo-japonaises au sujet

de la Corée suivirent les fluctuations de
ces événements. Les Russes profitèrent
très habilement d'une éclipse subie par
l'influence japonaise en Corée à la suite de
certaines maladresses commises; de février
1896 à février 1897, le souverain de la péninsule subit l'impulsion du ministre russe
qui lui donnait l'hospitalité. En avril 1896,
alors que la Russie ne tenait pas encore
son port en mer chaude, mais que le roi
de Corée était son hôte, elle fit avec le
Japon un traité de *condominium*, par lequel
elle conservait une influence prépondérante à la cour et dans le nord de la
péninsule, tandis que le sud du pays et
les ports étaient abandonnés à une sorte
de prépondérance japonaise. C'est le traité
Yamagata-Lobanov. Deux ans après intervenait le traité Nishi-Rosen, qui, après une
proclamation nouvelle de l'indépendance
de la Corée, laissait au Japon une latitude
plus grande pour ses entreprises dans le
pays. Le Japon en profita pour construire,
en 1899, la ligne de Chemoulpo à Séoul,
pour obtenir celle de Fousan à Séoul et

pour faire preuve sur les côtes d'une activité extraordinaire.

C'était au lendemain de la prise de possession de Port-Arthur, quand les ports de
Corée paraissaient avoir pour la Russie
beaucoup moins d'importance.

Dans la suite, ces dispositions semblaient
quelque peu modifiées, puisqu'au mois
d'août 1903 la Russie se faisait accorder
par la Corée certaines concessions sur le
Yalou. Tel était le monopole des bois flottés
sur ce fleuve ; tel aussi un terrain important à Yongampo (baptisée déjà Port-Saint-
Nicholas), ville interdite aux étrangers,
située en plein territoire coréen, en face de
l'embouchure du fleuve.

Pour qui connaît la façon dont les puissances s'installent peu à peu dans les en-
droits qu'ils convoitent en Orient, ces
détails pouvaient paraître d'autant plus
significatifs que, au même moment, le Japon
ne pouvait obtenir l'ouverture de Yongampo à tous les étrangers !

Et l'histoire n'est-elle pas là pour rappeler que les Européens sont au moins aussi

envahissants que n'importe quels peuples; que les Russes, notamment, tout en faisant dans le nord du continent les progrès lents mais sûrs que nous avons rappelés, cherchaient aussi depuis plus de cent ans à entrer en relations directes avec le Japon; que ces efforts leur faisaient déjà prendre une des îles Kuriles en 1768 et, par d'habiles négociations, leur faisaient obtenir en 1875 la propriété définitive de l'île Sakhalin; celle-ci, cependant, a, pour le Japon, une grande importance comme lieu de pêcheries.

On comprend dès lors l'intérêt du gouvernent japonais à assurer la sécurité des abords de la Corée et à demander, par conséquent, des garanties pour l'avenir, de peur d'un débordement sur la péninsule; parmi ces garanties, la domination de la Corée elle-même, sous une forme quelconque, paraissait devoir être la plus sérieuse.

Mais il fallait que cette domination fût certaine et par conséquent qu'elle pût se défendre. C'est peut-être ce que les Russes ont considéré comme un danger au point de vue de leur action future. Nous aurons certainement l'occasion de reparler des négociations qui eurent lieu. Remarquons seulement que si, dans les difficultés pendantes (dont la Corée est l'enjeu véritable et dont la Mandchourie (¹) n'est l'objet que

(¹) On peut dire assurément que les Russes ont aussi pour but d'avoir à Pékin une influence prépondérante que les Japonais peuvent ambitionner également. C'est là qu'intervient l'intérêt des autres puissances à voir réussir sous ce rapport l'un des belligérants plutôt que l'autre, et aussi peut-être la satisfaction de quelques-unes de voir naître un conflit. Il est une circonstance dans laquelle la Russie a, du reste, clairement fait voir son intention de dominer elle-même à Pékin, et d'empêcher son rival de le faire ; c'est lorsqu'elle intervint, en 1895, pour faire restituer par le Japon la presqu'île de Liao Toung, parce que « sa possession serait une menace perpétuelle à la capitale de la Chine ».

Mais il ne semble pas qu'il faille chercher aussi loin la cause de la résistance du Japon, préoccupé avant tout, dans la discussion actuelle, de sa conservation personnelle ; le texte même de cette remontrance des puissances, en 1895, montre assez le péril que court le Japon lui-même, après la Chine. La Russie, qui n'a, dans ses prétentions, qu'un but d'expansion, est plus susceptible d'avoir ces vues détournées, que d'autres puissances, mues aussi par leur seul intérêt, seraient heureuses de voir contrecarrer. C'est ainsi que, à certain point de vue, le Japon peut paraître l'instrument de l'Angleterre.

comme un danger voisin), les Russes poursuivent leur intérêt, c'est humain et légitime ; qu'ils mettent à exécution le plan politique esquissé par Pierre le Grand et servi par une diplomatie admirable, c'est bien naturel !

Mais, d'autre part, qu'un peuple asiatique qui n'a jamais connu aucun joug étranger, qui a derrière lui un long passé de glorieuse culture, songe à sa propre conservation, c'est tout aussi naturel ; qu'il tienne, lui qui a appris l'histoire de l'Asie au XIX{^e} siècle, à assurer ses frontières ; qu'il ait quelque crainte de voir une puissance considérable s'approcher, s'approcher toujours en diminuant continuellement le tampon qui le séparait d'elle, qu'y a-t-il là de surprenant ? Que, prévoyant ces difficultés, le Japon ait d'abord, il y a une trentaine d'années, proclamé l'indépendance de la Corée, afin de l'amener à se développer et à se fortifier elle-même ; qu'il ait voulu faire cette besogne de rajeunissement d'un pays décrépit, avec l'aide de son second suzerain, la Chine !

Que, n'ayant rencontré de ce côté que de la résistance et un désir d'enrayer, au contraire, tout progrès en Corée, il ait été amené de la sorte à affirmer par la campagne victorieuse de 1894, son désir, inspiré par son souci de conservation personnelle !

Que, voyant la difficulté de la tâche, il ait été amené à être convaincu de la nécessité d'une influence plus directe, voire même d'une sorte de tutelle de la péninsule !

Que, tout récemment, en voyant sa puissante voisine cerner en quelque sorte la Corée, il ait voulu garantir celle-ci et ses frontières immédiates pour l'avenir, qu'y a-t-il dans tout cela qui ne ressemble aux désirs légitimes de tout peuple libre ?

D'où les Occidentaux tireraient-ils le droit d'accabler d'injures l'un des belligérants plutôt que l'autre (¹) ?

(¹) Les Japonais auraient du reste quelque droit d'être surpris de ce que l'adoption qu'ils ont faite des institutions modernes de l'Europe ne leur ait point attiré de la part de celle-ci une appréciation plus juste ; un intérêt très légitime du reste, mais tout à fait spécial, assure au seul pays d'Europe réfractaire à ces institutions les sym-

Quelle est la mesure que n'importe quelle nation n'aurait prise à leur place?

Les Russes, tout en étant la plus jeune des grandes puissances européennes, ont l'immense avantage d'être aussi Asiatiques qu'Européens, et d'avoir par conséquent une largeur de vues et une connaissance des choses inconnues des Occidentaux; cela leur permet de se rendre parfaitement compte de la légitimité des intérêts auxquels se heurtent les leurs propres, et c'est précisément pour ce motif que, depuis deux cents ans, ils ont su poursuivre l'exécution de leur plan avec un succès merveilleux.

Mais l'intérêt de la Russie lui a suffi pour poursuivre sa voie; il lui était inutile de se poser pour cela en défenseur de l'Europe; dans sa lutte contre les peuples antiques

pathies des Occidentaux les plus convaincus de leur esprit de progrès.

L'intérêt commercial du monde fera certainement apercevoir, avant qu'il soit longtemps, l'intérêt général qu'il y a à ce qu'une contrée soit sous une domination moins étroitement fermée que celle de la Russie.

L'intérêt du Japon paraît se confondre en certains points avec celui des nations les plus commerçantes de l'Europe.

de l'Asie, elle ne s'est jamais apparue à elle-même comme le paladin d'une « vieille civilisation » !

Ce sont là des phrases ridicules dont elle laisse le monopole à quelques publicistes occidentaux, qui croient que le monde a commencé en 1789, et que le Japon est né à la civilisation depuis qu'il a un parlement ! Les Européens des différentes nationalités n'ont pas besoin de farder la vérité par d'absurdes déclarations de principes, pour avouer leurs sympathies dans la lutte.

Ils sont guidés uniquement par leurs intérêts, ce qui, encore une fois, est aussi légitime que naturel. Le grand désintéressement n'a rien à y voir. Mais alors ils oublient facilement les torts qu'eux-mêmes ont fait subir aux peuples de l'Asie ; ils craignent, par exemple, des velléités conquérantes de la part du Japon et parlent de leurs colonies d'Asie comme s'ils y étaient nés et que le droit de conquête ne fût pas le seul qui les y eût installés !

Traitant les autres de barbares, ils perdent de vue les exemples récents de férocité sauvage qu'ils ont donnés au monde, soit chez eux, comme pendant la commune de Paris, soit en Asie même il y a quatre ans (¹) !

Et par une singulière contradiction, on en arrive à reprocher aux Japonais, comme une preuve de leurs intentions envahissantes, la douceur que, par contraste, ils témoignèrent aux populations chinoises lors de l'expédition des alliés en 1900.

Lorsqu'on veut apprécier autrui, il n'est pas mauvais de faire un retour sur soi-même ; alors apparaîtra la vérité de cet entrefilet paru dans la *Gazette de Pékin*, qui disait il n'y a pas si longtemps :

« Deux sortes d'étrangers prétendent

(¹) Les besoins d'une thèse à soutenir font même dire certaines choses absurdes, comme cette démonstration de la barbarie des Japonais par l'existence des Aïnos. C'est comme si l'on démontrait l'absence de civilisation des Américains du Nord par l'existence, sur une partie de leur territoire, des Peaux-Rouges aborigènes. La seule différence à noter, c'est que les blancs d'Amérique ont, par « l'excès de leur mansuétude », réussi à détruire pour ainsi dire les Peaux-Rouges en deux siècles, tandis que les Aïnos vivent encore, après quinze ou vingt siècles de cohabitation avec leurs dominateurs.

régénérer la Chine. Pendant que les uns nous disent d'aimer notre prochain comme nous-mêmes, les autres nous apprennent à le tuer à de grandes distances, sans danger pour nous, et nous font acheter leurs fusils pleins de perfections homicides. »

Il paraît donc indispensable d'étudier impartialement l'histoire ; comme cela ressort, en effet, du résumé rapide que nous avons tâché de faire, rien n'est simple dans la vie humaine, rien n'est simple surtout en Asie ; chaque événement a des prodromes qui l'expliquent et souvent le justifient.

La guerre actuelle a des racines profondes dans le passé, et l'ignorance seule de ce passé peut la faire attribuer uniquement à un coup de tête ou à une bouffée d'orgueil de la part d'un des belligérants.

Elle est pour l'un une question primordiale de conservation ; pour l'autre, le résultat du besoin d'expansion d'un peuple jeune, possesseur de la force d'une civilisation récente, agrandie par les annexions des tribus les plus variées. La question de race y est plus difficile à débrouiller que partout ailleurs; celle des religions n'est pas plus tranchée; des circonstances politiques ont seules empêché les Japonais, qui jadis avaient accueilli les missionnaires bouddhistes, de se convertir en masse au christianisme, à l'époque où ils faisaient les « délices du cœur de saint François Xavier ». Alors, d'autres Européens, les Espagnols, qui envahissaient le monde entier, représentaient pour eux le « péril blanc ». Dans la lutte actuelle, deux intérêts parfaitement explicables sont seuls en jeu. Un vœu semble pouvoir être fait pour la paix du monde et la tranquillité des autres peuples: c'est qu'un juste équilibre, qui ne sacrifie les aspirations légitimes de personne, puisse être établi dans l'Extrême-Asie (¹).

(Extrait de la Revue de droit international et de législation comparée, 1904.)

(¹) C'est là un désir d'autant plus légitime que, par le jeu des alliances, certaines puissances européennes peuvent craindre de se voir entraîner dans une lutte qui leur est étrangère, bien qu'à certains points de vue elle les intéresse.

Il est permis, sous ce rapport, à tous les Européens de

se réjouir de l'alliance anglo-japonaise de 1902 ; c'est cette alliance qui maintient l'équilibre en face de l'alliance franco-russe ; leur combinaison empêche tout à la fois la France et l'Angleterre de se mêler à la lutte pour soutenir leur allié réciproque, parce que ces puissances et les belligérants eux-mêmes savent que l'intervention de l'une pourrait entraîner celle de l'autre. On peut donc dire que le Japon a rendu à la France le plus grand service en concluant cette alliance, sans laquelle il serait plus malaisé à celle-ci de se soustraire au malheur d'une intervention armée, si son alliée russe subissait des revers.

PÉRIL JAUNE

Les faits de la guerre auxquels nous assistons commencent à forcer le monde à se rendre à l'évidence.

La ténacité et surtout les succès des Japonais ouvrent peu à peu les yeux des Européens et leur font entrevoir l'intérêt vital qui a poussé le Japon à entreprendre cette terrible lutte.

On est bien obligé de se dire qu'un peuple qui se bat avec autant de méthode, de vaillance et de mépris de la vie (¹) doit

(¹) Remarquons la loyale grandeur d'âme avec laquelle le Tsar ne cesse de reconnaître le courage de ses adversaires, comme il le fit récemment encore en adjoignant au commandement le général Gripenberg.

avoir une raison péremptoire pour s'imposer de pareils sacrifices. Une fois de plus, c'est le succès qui seul assure aux hommes la justice des appréciations de leurs semblables et la voix du canon est la seule à laquelle on ne puisse faire la sourde oreille.

Nous sommes loin des déclarations superficielles de quelques journalistes qui, ne connaissant l'Asie que de vague réputation, répandaient sur l'armée japonaise l'ironie de leur mépris et nous annonçaient son prompt écrasement. Ils étaient nombreux, les stratèges en chambre, qui voulaient bien concéder quelque valeur à la flotte du Nippon parce qu'elle venait d'Europe, mais ne pouvaient admettre un moment que ces « petits » Japonais pussent résister aux « grands » Russes. Ils se contentaient généralement de prendre leurs désirs pour la réalité. Et pour comparer les belligérants, on n'avait d'autre base d'appréciation que la superficie des deux empires ; c'est absolument de la même manière qu'il y a dix ans, les Chinois, pour s'assurer la victoire, se contentaient de hausser les épaules en parlant des « Wo Yen », ces nains que le Fils du Ciel n'aurait qu'à regarder pour les réduire en miettes !

La Chine ne comprenait pas qu'une guerre avec le Japon était beaucoup plus sérieuse pour elle qu'une guerre avec la France, l'Autriche ou l'Italie, ne fût-ce que par ce seul motif qu'il y a plus de Japonais qu'il n'y a d'habitants dans chacun de ces trois derniers pays. C'est donc la seule taille des insulaires qui faisait apercevoir leur pays à travers un verre diminuant, tant par les Chinois que par les Européens, imbus les uns et les autres de préjugés identiques.

Ni les uns ni les autres ne tenaient compte, d'abord de l'importance bien minime de la taille d'un homme qui appuie sur la gâchette d'un bon fusil, ni surtout de la valeur morale et de la préparation militaire des troupes en présence (¹). Sans

(¹) Jamais on n'a songé à contester les nombreuses victoires des Français sur les autres peuples de l'Europe parce qu'il leur arrivait d'être plus petits que leurs adversaires : Allemands, Russes ou Anglais.

que l'on puisse présager l'issue finale de cette guerre gigantesque, il est permis d'analyser dès à présent l'état d'esprit des belligérants ; cette psychologie des adversaires est la résultante logique des événements passés autant qu'actuels, et ressort clairement des faits de guerre accomplis jusqu'à présent. Avec un amour-propre d'auteurs imaginaires, les Européens se sont figuré que l'existence de l'armée japonaise ne pouvait dater que du moment où elle avait été réorganisée sur le modèle des armées occidentales et revêtue d'uniformes semblables aux leurs.

Et l'on oubliait que les qualités guerrières du Japonais n'ont pas attendu, pour exister, la loi actuelle réglant le service ; qu'au contraire, elles avaient jadis bien plus d'occasions de se développer ; que l'esprit militaire fait partie de l'âme de la nation, qui nourrit depuis des siècles un culte profond des armes ! On oubliait aussi ce patriotisme ardent qui confond la patrie dans les plus anciennes aspirations religieuses du pays. Le Shintoïsme, en effet, est l'expression de la profonde admiration des Japonais pour le Japon.

Il y a là une préparation atavique que rien ne remplace ! En Europe, les Français semblent devoir être particulièrement à même de comprendre cet état d'âmes héritières d'un long passé. Eux non plus, n'ont pas attendu la dernière loi de conscription pour se préparer à savoir devenir des héros !

Ces Japonais, comparables à nos chevaliers du moyen âge, qui auraient été transportés par la transformation de « Meidji » dans notre ère moderne, avec leurs qualités et leurs défauts, se trouvent chargés tout à coup de la mission, sacrée pour eux, de défendre l'existence future de leur patrie !

Ne doivent-ils pas faire merveille au point de vue militaire ?

Si vous songez, de plus, à leur profond esprit de discipline, acquis par leur organisation féodale encore toute récente, ne voyez-vous pas qu'ils profiteront mieux que d'autres des qualités d'organisation de leur gouvernement et des combinaisons stratégiques de leurs chefs (¹) ?

Ils ne feront qu'une bouchée de troupes, sans discipline, sans patriotisme, sans organisation, comme celles de la Chine ! C'était inévitable, et les événements l'ont démontré aux Européens ébahis !

Et contre la Russie ? Evidemment la tâche est beaucoup plus rude; l'entreprise était même très lourde, mais comme j'eus l'occasion de le dire dès le début du conflit, on a fait preuve en Europe d'un extraordinaire aveuglement, en ne voyant pas que pour la Russie la lutte était aussi grave que pour le Japon.

Si la Chine n'avait pas été aussi peu organisée, elle aurait eu, en comparaison de la Russie l'avantage d'être plus rapprochée de son adversaire et d'offrir, par conséquent, plus de cohésion, de résistance.

Sans nier l'énorme réserve d'hommes dont peut disposer l'empire russe, celui-ci eût dû, pour obvier aux difficultés que sa situation topographique lui crée,

(¹) Il n'entre pas dans le sujet de cette courte étude de discuter la valeur stratégique de ceux-ci.

être admirablement préparé à la lutte ([1]).

Ses troupes n'ont pas, en effet, malgré de merveilleuses qualités militaires, cet enthousiasme patriotique de chaque homme qui anime les Japonais. Personne ne contestera qu'il soit impossible de leur attribuer cette idolâtrie de la patrie qui caractérise l'esprit japonais.

Où pourrions-nous, du reste, en trouver l'équivalent en Europe, si ce n'est peut-être à certains moments déterminés, comme, par exemple, pour les bandes armées par la première république française?

Les soldats russes font la guerre parce qu'on les y force, et une fois sous les drapeaux, ils sont merveilleux d'endurance et de dévouement; mais il n'y a pas chez eux

[1] Il ne suffit pas, en effet, d'avoir une grande quantité d'hommes. Il faut les avoir « in the right place », et pour cela, les transporter, les nourrir, les soigner. L'œuvre admirable du Transsibérien est un véritable tour de force par la rapidité de son exécution, puisqu'elle ne fut commencée qu'en 1891 ; mais elle exige, pour remplir tout son but, encore bien des améliorations et des développements. Il est merveilleux de voir qu'on songe à les accomplir en partie pendant la guerre même.

cet élan qui les obligerait au désespoir s'ils n'étaient pas enrôlés.

Et cela se comprend, puisqu'ils n'entre-voient pas la lutte vitale de leur pays, la Russie ayant le grand avantage de ne défen-dre que son expansion et non pas son exis-tence.

Le patriotisme, du reste, est pour le Russe une chose très différente et bien plus vague que pour le Japonais, mûri par une culture plus longue et toute militaire.

Le Chinois est, sous ce rapport, l'anti-thèse du Japonais, mais il ressemble au Russe.

Rien, semble-t-il, ne peut mieux faire comprendre certains aspects du Russe que sa comparaison avec le Chinois (¹).

Comme le Chinois, il a la conviction de l'invincibilité de son pays parce qu'il est grand ; comme le Chinois, il laisse à l'em-pereur le soin de pourvoir à la défense de

(¹) Il va de soi que nous parlons ici de la masse des moujiks, qui forment véritablement la nation, et non pas d'une aristocratie restreinte qui habite les grandes villes et qui représente la Russie vis-à-vis de l'étranger.

la patrie; comme le Chinois, il est, du reste, très indifférent à ce qui se passe à l'autre bout du pays; comme le Chinois, il ne fera rien de sa propre initiative pour aider son empereur dans sa lourde tâche, à moins qu'il n'y soit forcé; comme le Chinois, il considère la naissance du fils de l'empereur comme un signe de la faveur céleste pour l'entreprise en cours, et aurait été très disposé à diminuer la dose de son dévouement si l'empereur n'avait eu qu'une fille; comme la Chine, la Russie a ses groupements secrets de mécontents, et les défauts d'une administration parfois exempte de scrupules. N'oublions pas non plus que les idées des différents peuples qui forment l'empire russe, et dont le nombre s'accroît chaque jour, sont forcément différentes d'après ces peuples mêmes : il y a là des Européens, beaucoup d'Asiatiques, des chrétiens, des musulmans, beaucoup de bouddhistes, des païens.

Toutes ces peuplades n'ont pu se fondre encore, puisqu'elles n'ont guère de passé commun.

Les plus Européens d'entre ces sujets du tzar blanc commencent à peine à ressentir les effets de la grande politique de Pierre le Grand, si énergiquement continuée depuis près de deux cents ans par ses successeurs ([1]) ; le christianisme lui-même est, en Russie, d'aspect tout oriental, tant dans ses formes extérieures que dans les idées plus ou moins vagues, comme celle qui fait de l'empereur non seulement le chef de la religion, mais une sorte de lien entre le ciel et la terre ([2]). Plus on la considère, plus la lutte à laquelle nous assistons apparaît donc comme une lutte entre Asiatiques (ce qui, à nos yeux, n'a du reste rien qui doive diminuer, en quoi que ce soit, aucun des belligérants) ; aussi nous paraît-il difficile de justifier le rôle de paladin de l'Europe que l'on voudrait imposer à la

([1]) Dans le désir d'unifier l'histoire de l'Europe, on n'étudie pas assez celle de la Russie ; à sa lecture, on ne peut s'empêcher d'admirer les pas de géant qu'elle a faits depuis deux siècles.

([2]) Encore une fois, cette même idée se retrouve en Chine, d'une façon évidemment plus complète.

Russie (¹). La Russie est bien trop large-
ment étalée sur les deux continents, pour
avoir cette fonction, trop restreinte pour
elle, de représenter la petite Europe; elle
se représente elle-même, et cela suffit.

Cela n'empêche pas les Européens de
songer, très légitimement, à l'avenir pouvant
résulter pour eux de cette terrible mêlée.

A première vue, il semblerait qu'ils
n'aient rien à en attendre de bon, ni dans
un cas ni dans l'autre.

Si la Russie est victorieuse, sa destinée
semble devoir l'entraîner sinon à former
un empire russo-mongol, au moins à exercer une influence considérable sur la
Chine. Jusqu'ici les pays soumis à la domination russe n'ont guère été ouverts à l'influence extérieure, et il paraît plausible
que, dans cette hypothèse, les Européens
auraient peu de profit à tirer de ces nouveaux domaines éventuels de la Russie.

(¹) N'oublions pas qu'il y a quatre ans, les Occidentaux
n'eurent, du reste, aucun scrupule à s'adjoindre l'aide puissante des Japonais, ces « jaunes » aujourd'hui décriés,
contre d'autres jaunes.

Celle-ci, devenue plus forte encore, se développerait dans l'intérieur de ses frontières et serait plus redoutable que jamais (¹).

Si les Japonais doivent rester vainqueurs, on craint qu'ils ne forcent l'énorme Chine à sortir de sa torpeur, et à devenir pour l'Europe à la fois un adversaire militaire, et surtout un concurrent commercial.

Au point de vue militaire d'abord, l'ignorance produit sur la réflexion des Occidentaux deux résultats opposés. Autant on ne pouvait croire que les Japonais fussent des soldats sérieux, autant maintenant la crainte, mauvaise conseillère, fait apercevoir dans chaque Céleste un redoutable guerrier. Et l'on oublie, d'abord que la Chine, essentiellement décentralisée, est loin d'avoir la cohésion et la discipline qui permet l'organisation actuelle de l'armée japonaise; on oublie surtout que, pas plus que l'habit ne fait le moine, le fusil ne suffit à former un bon soldat, et que tout le passé

____

(¹) L'Europe a-t-elle intérêt à avoir sur ses flancs un empire aussi puissant? Cela paraît contraire à toutes les notions d'équilibre européen.

du Chinois, un passé de quarante-huit siècles, jure avec la transformation subite que l'on a le cauchemar de lui voir s'imposer.

Le Chinois assurément peut devenir un soldat, mais ne sera pas le soldat japonais, qui ne songe qu'à faire revivre ses aïeux, les Samuraïs !

En Chine, l'âme du Samuraï ne flotte nulle part ! Qu'on ne s'alarme donc pas devant une chimère !

On craint une cohésion trop grande entre les Japonais et les Chinois contre les autres peuples.

Et cependant toute l'histoire montre les profondes différences qui existent entre le Japonais et le Chinois, qui furent si souvent en lutte et sont plus dissemblables que n'importe quels peuples d'Europe entre eux.

Que les Européens s'arrangent pour ne pas constituer un péril pour ces peuples, et peu de choses les rapprocheront !

Les Japonais se sont toujours déclarés prêts à assumer vis-à-vis des Chinois le rôle d'éducateurs inspirés par l'Europe. Qu'on ne leur fasse rien craindre pour leur propre sécurité, et ils ne chercheront pas de moyens de défense.

Les Européens pourraient, au contraire, se servir d'eux en les associant, dans un intérêt commun, à leur œuvre de civilisation occidentale. Ce serait une façon intelligente d'écarter ce qu'on appelle le Péril Jaune, en faisant d'eux, en quelque sorte, les agents de l'Europe.

On eût ainsi « canalisé » leur activité en s'entendant loyalement avec eux.

Tout le monde y aurait trouvé avantage, et les Européens auraient vu s'évanouir bien des dangers.

Les Japonais ont assez prouvé qu'ils ne demandaient pas mieux que de remplir ce rôle d'Occidentaux de l'Extrême-Orient, sans renoncer naturellement plus que n'importe qui à l'orgueil légitime de leur passé. Il est regrettable qu'on les oblige à montrer par la force leur capacité de le faire, et qu'on n'ait cessé de les contrecarrer, au lieu d'utiliser leur bonne volonté.

C'est du reste surtout au point de vue commercial que surgit le spectre du péril jaune.

Jusqu'à présent on considérait la Chine comme une cliente obligée de l'industrie européenne et, depuis peu, aussi comme un fournisseur de colonies.

On craint qu'elle ne fasse désormais sa propre industrie et n'achète plus à l'Europe ! On craint qu'elle ne supporte plus les prises de possession de son territoire !

Il est possible que la Chine, en se développant, puisse fabriquer chez elle certains objets : mais n'est-il pas vrai de dire que, comme chez tous les peuples, son développement même créera chez elle des besoins nouveaux, générateurs de nouveaux débouchés pour les industries d'Europe et de nouveaux échanges commerciaux ([1]) ?

[1] N'oublions pas que c'est depuis qu'il s'est développé au point de vue industriel que le Japon fonda ses lignes de vapeurs qui le relient régulièrement à l'Amérique et à l'Europe.

Pourquoi l'a-t-il fait, si ce n'est pour établir avec ces contrées des relations commerciales qui étaient impossibles avant sa propre activité industrielle et commerciale?

Elle tirera de son sol des richesses inconnues dont la manipulation même pourra exiger de nouveaux outils ; des marchandises auxquelles on n'avait pas songé pourront être exportées de Chine ou importées chez elle ; de nouvelles sources de travail pourront s'ouvrir aux Européens, de même qu'à chaque progrès local ou à chaque élargissement du monde, si un moment de crise se produit, il semble devoir être suivi d'une activité plus intense de la vie commerciale ; chaque fois cependant, il y eut des Cassandre pour crier casse-cou, chaque fois le progrès marcha de l'avant et fut utile. Rien n'empêcha les chemins de fer de remplacer les diligences. Rien non plus n'empêcha les Romains d'étendre leurs relations à la Gaule, l'Europe d'étendre les siennes d'abord à l'Amérique, puis à certaines parties de l'Asie, puis à la Russie (¹), puis récemment à l'Afrique et maintenant à l'Extrême-Orient.

Tous ces pays, et d'autres encore, se sont

(¹) On peut se souvenir du temps où l'on parlait du « péril russe » ou du « péril yankee ».

développés successivement : ils ont été d'abord d'humbles serviteurs, puis des clients, puis des échangeurs de marchandises et, en fin de compte, lorsque les choses se furent tassées, tout le monde y a trouvé profit.

Pourquoi n'en serait-il pas de même dans l'avenir ? Il ne reste plus que le désir contestable de garder des territoires dans lesquels on s'est implanté, souvent par les moyens les plus dénués de scrupules ! C'est un peu le cas du voleur qui désirerait anesthésier sa victime pour l'empêcher de réclamer son bien.

Aussi est-il peu probable que les Européens insistent sur ce point. Ce n'est du reste pas là le « péril jaune », dont l'idée fut entourée au contraire d'une certaine auréole de défense sacrée de l'Occident. Il ne paraît pas, d'ailleurs, vraisemblable qu'ils doivent faire, avant longtemps, des restitutions, s'ils ont soin d'avoir une politique de prévoyance et de ferme douceur.

De nouveaux empiétements pourront sans doute ne pas leur être nécessaires si des débouchés commerciaux se créent sans les frais considérables de pareils établissements coloniaux.

Il n'est donc pas nécessaire de croire que l'intérêt et la simple morale doivent se trouver en contradiction, et, sans arrière-pensée, on a peut-être le droit de se réjouir de tout ce qui agrandit le monde et rapproche les hommes les plus éloignés.

Peut-être les belligérants actuels nous donneront-ils eux-mêmes l'exemple de cette entente salutaire : après s'être appréciés réciproquement dans une lutte héroïque, ils pourraient bien en arriver à un équitable partage d'influence, ressemblant quelque peu à une alliance civilisatrice.

Bruxelles, septembre 1904.

www.ingramcontent.com/pod-product-compliance
Ingram Content Group UK Ltd.
Pitfield, Milton Keynes, MK11 3LW, UK
UKHW022214120726
13694UKWH00002B/550